마음
순례

Singing at Midnight
: Following Jesus from the Garden to the Grave and into Glory

ⓒ 2016 by Skye Jethani
All rights reserved.
No part of this publication may be reproduced in any form
without written permission from Skypilot Media, Wheaton, IL.
www.skypilot.media

Korean Translation Copyright ⓒ 2018 by Duranno Ministry
38, 65-gil, Seobinggo-ro, Yongsan-gu, Seoul, Republic of Korea

This translation published by arrangement with Skypilot Media

본 저작물의 한국어판 저작권은 Skypilot Media와 독점 계약한 두란노서원에 있습니다.
신 저작권법에 의거하여 한국 내에서 보호를 받는 저작물이므로
무단 전재와 무단 복제를 금합니다.

마음 순례

지은이 | 스카이 제서니
옮긴이 | 정성묵
초판 발행 | 2018. 5. 23
등록번호 | 제1988-000080호
등록된 곳 | 서울특별시 용산구 서빙고로65길 38
발행처 | 사단법인 두란노서원
영업부 | 2078-3333 FAX | 080-749-3705
출판부 | 2078-3332

책값은 뒤표지에 있습니다.
ISBN 978-89-531-3129-3 03230

독자의 의견을 기다립니다.
tpress@duranno.com   www.duranno.com

두란노서원은 바울 사도가 3차 전도 여행 때 에베소에서 성령 받은 제자들을 따로 세워 하나님의 말씀으로 양육하던 장소입니다. 사도행전 19장 8-20절의 정신에 따라 첫째 목회자를 돕는 사역과 평신도를 훈련시키는 사역, 둘째 세계선교™와 문서선교단행본·잡지 사역, 셋째 예수문화 및 경배와 찬양 사역, 그리고 가정·상담 사역 등을 감당하고 있습니다. 1980년 12월 22일에 창립된 두란노서원은 주님 오실 때까지 이 사역들을 계속할 것입니다.

일상의 시험을 이기는
50일의 작정

스카이 제서니 지음
정성묵 옮김

두란노

Contents

: 들어가며 • 10
: 《마음 순례》 사용법 • 14

: 첫 번째 순례처. **항복**
— 겟세마네 동산에서 기도하신 예수님을 만나다 • 16

    01일 내 인생 행로, 누가 정하는가
    02일 외로움, 어떻게 이겨 낼 것인가
    03일 무엇을 포기하고 무엇을 얻고 있는가

: 두 번째 순례처. **배신**
— 가룟 유다에게 배신당하신 예수님을 만나다 • 30

    04일 나도 '친구인 체하는 스파이'인가
    05일 캄캄한 상황에서도 여전히 빛을 볼 수 있는가
    06일 위협을 느낄 때 어떻게 반응하는가

: 세 번째 순례처. **불의**
— 산헤드린 공회에서 사형 선고를 받으신 예수님을 만나다 • 44

07일 불의한 세상에서도 여전히 하나님을 믿는가
08일 모함을 당해도 침묵할 믿음이 있는가
09일 '무엇'이 하나님을 알아보지 못하게 가로막는가

: 네 번째 순례처. **실패**
— 예수님을 부인한 베드로를 만나다 • 58

10일 하나님을 사랑하는가, 이용하는가
11일 실패했을 때 어떻게 행동하는가
12일 나를 규정하는 것은 '내 죄'인가, '내 구주'인가

: 다섯 번째 순례처. **유죄 판결**
— 빌라도에게 재판 받으신 예수님을 만나다 • 72

13일 악한 행동의 책임을 회피하고 있는가
14일 예수님이 내 어떤 기대를 깨뜨리셨는가
15일 하나님 일을 세상 방식으로 하고 있는가

: 여섯 번째 순례처. **굴욕**
— 채찍질 당하고 가시관을 쓰신 예수님을 만나다 • 88

16일　굴욕을 당한 주님도 받아들일 수 있겠는가
17일　내가 누구에게 속한 사람인지 아는가
18일　모든 사람이 존엄하다는 사실을 인정하는가

: 일곱 번째 순례처. **자기 부인**
— 십자가를 지신 예수님을 만나다 • 102

19일　세상에서 인정받고 싶은가
20일　붙들던 것을 다 붙든 채로도 갈 수 있는 길인가
21일　누구를 따라가고 싶은가

: 여덟 번째 순례처. **수치**
— 구레네 시몬에게 도움받으신 예수님을 만나다 • 116

22일　허다한 무리 속에서도 외로움을 느끼는가
23일　무엇 때문에 남의 짐을 대신 져 주지 못하는가
24일　날 위로해 줄 공동체를 원하는가,
　　　그리스도의 공동체를 원하는가

: 아홉 번째 순례처. **긍휼**
— 예루살렘 여인들을 위로하신 예수님을 만나다 • 130

25일 부당한 처우를 당했을 때,
   희생자의 권리를 악용하는가
26일 어떻게 하면 나보다 '다른 사람의 고통'에
   울어 줄 수 있을까
27일 고통을 핑계로 자기 연민에 매몰되었는가

: 열 번째 순례처. **용서**
— 십자가에 못 박히신 예수님을 만나다 • 144

28일 누구를 용서하지 못하고 있는가
29일 내게 진정 필요한 것이 무엇인지 아는가
30일 하나님이 어떤 일로 내 예상을 깨뜨리셨는가
31일 십자가가 어리석어 보이는가

: 열한 번째 순례처. **자비**
— 범죄자에게 하나님 나라를 약속하신 예수님을 만나다 • 164

32일 '당장의 만족'과 '영원한 만족' 가운데
   무엇을 추구하는가

33일 　십자가를 통해서 보면 자신이 어떻게 보이는가
34일 　고통이 나를 겸손하게 만드는가,
　　　원망하게 만드는가

: 열두 번째 순례처. **연합**
― 십자가 아래서 예수님 곁을 지킨 이들을 만나다 • 178

35일 　오직 나만을 향한 하나님 사랑을
　　　느껴 본 적 있는가
36일 　무엇 때문에 사람들을 '한 가족'으로
　　　용납하지 못하는가
37일 　오늘, 누구를 사랑하라고 명하시는가

: 열세 번째 순례처. **죽음**
― 십자가에서 돌아가신 예수님을 만나다 • 192

38일 　언제 하나님께 버림받은 기분을 느꼈는가
39일 　언제 믿음을 버리고 싶은 유혹을 느꼈는가
40일 　무엇을 맡기지 못하고 있는가
41일 　신앙 때문에 자유를 잃을까 봐 부담스러운가

: 열네 번째 순례처. **패배**
— 장사 지낸 바 되신 예수님을 만나다 • 212

  42일 죽음이라는 현실 앞에서 극심한 고통을
       경험한 적 있는가
  43일 어떤 죄를 장사 지내고 싶은가
  44일 아직도 죽지 못한 부분이 있는가

: 열다섯 번째 순례처. **평강**
— 부활하신 예수님을 만나다 • 226

  45일 어떤 부분에서 하나님의 평강이 간절한가
  46일 무엇이 가장 겁나는가
  47일 오늘, 어디서 예수님을 뵈었는가
  48일 예수님께로 가기 위해 어느 한길만 고집하는가
  49일 세상에서 대접받는 사명자가 되고 싶은가
  50일 내 상처가 누군가에게 치유를
       가져다줄 수 있을까

들어가며

우리의 믿음은 어떻게 자랄까? 무슨 비밀스러운 지식이나 긴 세월을 지나오면서 검증을 거친 프로그램 덕을 보는 걸까? 유명한 목사나 스승을 찾아가서 수련해야 할까?

달라스 윌라드는 우리의 영이 성숙하도록 하나님이 '평범한 삶 속의 시험들'이라는 커리큘럼을 마련해 주셨다고 말한다. 일상의 작은 도전들 속에 하나님을 모셔 들이고, 우리 앞의 고난을 하나님의 시각과 은혜로 다룰 때 우리는 성장할 수 있다.

그런 의미에서 예수님은 인간으로서 겪게 되는 삶의 온갖 불의와 고통에 우리가 어떻게 반응해야 하는지 보여 주는 좋은 모범이시다. 실제로 예부터 그리스도인들은 겟세마네 동산에서 갈보리 십자가를 거쳐 영광스러운 승천까지 예수님의 생애 마지막 시간들을 고찰해 왔다. 이 여정은 오랜 세월 '십자가의 길'(The Stations of the Cross)이라고 불려 왔다.

많은 사람이 이것을 가톨릭에서 나온 이야기로 알지만 예수님이 걸으신 고난의 발자취를 따른다는 개념 자체는 본래 신약에 깊이 뿌리를 내리고 있다. 따라서 이는 교단에 상관없이 모든 그리스도인이 받아들여야 할 개념이다. 사도 베드로는 이렇게 말했다. "그리스도도 너희를 위하여 고난을 받으사 너희에게 본을 끼쳐 그 자취를 따라오게 하려 하셨느니라"(벧전 2:21).

'십자가의 길'에 나오는 각 '처'(station)의 구성을 두고 지금까지 많은 사람들이 다양한 의견들을 내놓았다. 개중에는 실제로 성경 내용을 바탕으로 재현한 것도 있지만, 전설 또는 성경 이외의 다른 문서들을 바탕으로 한 구성도 있다. 그러다 1991년 요한 바오로 2세가 로마 가톨릭 교회에서 지키던 '십자가의 길' 구성을 공식적으로 수정하여 열다섯 개의 처들이 모두 복음서의 설명과 일치하도록 만들었다. 덕분에 이제는 교단에 상관없이 모든 그리스도인이 함께 예수님의 발자취를 따르며, 믿음을 키우고, 나아가 고난의 한복판에서도 기쁨을 발견하는 법을 배울 수 있게 되었다.

사도행전 16장에 이 여정의 열매를 보여 주는 매우 특이한 이야기 하나가 나온다. 사도 바울과 동역자 실라의 이야기다. 한번은 두 사람이 빌립보에서 복음을 전하다가 폭도에게 심하게 얻어맞았다. 설상가상으로 당국은 두 사람을 체포해 감옥에 가두었다.

그런데 그런 극심한 고난의 한복판에서도 성경은 "한밤중에 바울과 실라가 기도하고 하나님을 찬송하매 죄수들이 듣더라"(행 16:25)라고 기록한다. 바울과 실라는 고난 속에서도 하나님을 믿는 법을 배웠던 것이다. 나아가 그 믿음이 두 사람 안에서 세상은 감히 이해할 수도 없는 불가사의한 기쁨의 열매를 맺었다.

나중에 큰 지진이 일어나 쇠사슬이 풀리고 감옥 문이 활짝 열렸다. 간수는 바울과 실라가 당연히 도망쳤으리라 생각했는데, 뜻밖에도 두 사람은 감옥에서 한 발자국도 나가지 않았다. 왜 그랬을까? 그들은 매사에 만족하는 비결을 터득했기 때문이다. 바울과 실라의 기쁨은 상황이 아니라 하나님과의 교제에서 비롯했다.

우리 또한 이런 믿음으로 부름을 받았다. 칠흑같이 어두운 한밤중에도 찬양할 줄 아는 믿음 말이다. 이 책은 우리를 절대 떠나지도 버리지도 않으시는 분, 모든 시련과 시험을 마주하셨으나 결국 세상을 이기신 분을 더 깊이 믿도록 돕기 위해 쓴 책이다.

주님은 '십자가의 길'에서 영적 고난, 관계적 고난, 육체적 고난, 사회적 고난까지 모든 종류의 고난을 감당하셨다. 하지만 그분은 아버지의 뜻 앞에 자신을 온전히 내려놓으셨고, 장차 다가올 기쁨을 줄곧 바라보셨다.

일러두기 '십자가의 길'(The Stations of the Cross)의 'station'을 한국 가톨릭에서는 "처"라고 번역했으며, 각 처들을 "제1처, 제2처, ……"라고 부른다. 이 책에서는 'station'을 맥락에 따라 다르게 옮겨 "처"와 "순례처"라는 표현을 섞어 썼으며, 각 처를 "첫 번째 순례처, 두 번째 순례처, ……"로 표기했다.

《마음 순례》
사용법

이 책은 '십자가의 길' 초기 형태 구성에 맞춘 열네 개의 순례처에 '부활'을 추가한 열다섯 개의 순례처로 구성했다. 예수님의 겟세마네 기도에서 시작하여 그분의 부활로 끝맺음을 한다. 우리의 묵상이 예수님의 이야기에 굳건히 닻을 내리기 위해 각 순례처마다 복음서 말씀을 읽으면서 시작한다.

    매일의 읽을거리 맨 처음에는 자신에게 던지는 질문을 실었다. 각 질문은 믿음과 순종이 성장하는 데 중요한 한 가지 측면에 초점을 맞췄다. 질문 다음에는 그날 묵상할 글을 소개했다. 각 글은 예수님이 걸어가신 여정을 더 깊이 이해하고, 그 여정을 자신의 신앙 여정과 연결시키도록 돕기 위해 마련했다.

그러고 나서 성경이나 예배 기도문에서 뽑은 기도 또는 믿음의 오랜 선진들의 기도로 이어진다. 이 기도를 기계적으로 외우기보다는 자신만의 기도로 변형하거나 하나님을 향해 마음을 열기 위한 촉매제로 사용하기를 바란다.

마지막으로, 그날의 주제와 관련 있는 성경 구절로 마무리한다. 아침에 기도문까지 읽고 나서 나중에, 이를테면 식후나 저녁에 이 성경 구절들을 읽으며 하나님과의 교제를 이어 가면 좋다.

모든 영적 훈련이 그렇듯 깨달은 바를 글로 적거나 믿을 만한 친구 혹은 멘토와 대화하면서 되새기면 큰 도움이 될 것이다. 이 책을 소모임에서 혹은 가족과 함께 사용해도 좋다. 그럴 경우에는 글을 다 읽은 뒤 처음 질문으로 돌아가 함께 이야기를 나누면 좋다.

첫 번째 순례처

항복

겟세마네 동산에서

기도하신

예수님을 만나다

마가복음 14장 32-42절

---

32 그들이 겟세마네라 하는 곳에 이르매 예수께서 제자들에게 이르시되 내가 기도할 동안에 너희는 여기 앉아 있으라 하시고 33 베드로와 야고보와 요한을 데리고 가실새 심히 놀라시며 슬퍼하사 34 말씀하시되 내 마음이 심히 고민하여 죽게 되었으니 너희는 여기 머물러 깨어 있으라 하시고 35 조금 나아가사 땅에 엎드리어 될 수 있는 대로 이때가 자기에게서 지나가기를 구하여 36 이르시되 아빠 아버지여 아버지께는 모든 것이 가능하오니 이 잔을 내게서 옮기시옵소서 그러나 나의 원대로 마시옵고 아버지의 원대로 하옵소서 하시고 37 돌아오사 제자들이 자는 것을 보시고 베드로에게 말씀하시되 시몬아 자느냐 네가 한 시간도 깨어 있을 수 없더냐 38 시험에 들지 않게 깨어 있어 기도하라 마음에는 원이로되 육신이 약하도다 하시고 39 다시 나아가 동일한 말씀으로 기도하시고 40 다시 오사 보신즉 그들이 자니 이는 그들의 눈이 심히 피곤함이라 그들이 예수께 무엇으로 대답할 줄을 알지 못하더라 41 세 번째 오사 그들에게 이르시되 이제는 자고 쉬라 그만 되었다 때가 왔도다 보라 인자가 죄인의 손에 팔리느니라 42 일어나라 함께 가자 보라 나를 파는 자가 가까이 왔느니라.

01일

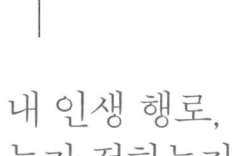

내 인생 행로,
누가 정하는가

십자가로 가는 길은 '선택'으로 시작한다. 예수님은 겟세마네 동산에서 하늘 아버지의 뜻과 자신의 뜻 가운데 무엇을 따를지 선택하셔야 했다. 내 생명까지도 온전히 하나님의 손에 맡길 것인가, 아니면 어떻게든 통제권을 놓지 않으려고 애를 쓸 것인가.

　예수님은 자신의 심정을 기도로 솔직히 표현하

셨다. "내 아버지여 만일 할 만하시거든 이 잔을 내게서 지나가게 하옵소서"(마 26:39).

이 장면에서 구약 성경 맨 앞에 나오는 한 장면이 떠오른다. 또 다른 동산에서 첫 사람 아담도 비슷한 선택의 기로에 섰다. '하나님 뜻을 따를 것인가, 아니면 내 뜻대로 할 것인가?' 안타깝게도 첫 사람 아담은 하나님을 향한 사랑 앞에 자신을 내려놓지 않았고, (그 이후에 태어난 모든 사람과 마찬가지로) 하나님의 뜻을 거부했다. "내가 원하는 대로 하리라!" 하나님이 신뢰할 만한 분임을 믿지 못해서 자신이 인생을 통제한다는 환상을 부여잡고 사는 어리석은 사람이 얼마나 많은가.

성경에서 "마지막 아담"(고전 15:45)으로 불리는 예수님은 이런 환상에 현혹되시지 않았다. 예수님은 자신의 뜻을 꺾고 하늘 아버지의 선하심과 사랑, 능력에 모든 것을 걸기로 선택하셨다. "나의 원대로 마시옵고 아버지의 원대로 하옵소서"(막 14:36).

하나님과 동행하는 우리의 인생 여행도 똑같이 '선택'으로 시작한다. 두렵고 떨려도 과감히 하나님의 뜻 앞에 우리 의지를 내려놓을 때 그 여행이 시작된다. "나의 원대로 마시옵고 아버지의 원대로 하옵소서." 이렇게 기도할 때 비로소 우리의 믿음이 시작된다.

하나님께 마음을 향하다

"나의 원대로 마시옵고
아버지의 원대로 하옵소서."

_마태복음 26장 39절

하나님 뜻을 마음에 채우다

⁵ 나의 영혼아 잠잠히 하나님만 바라라 무릇 나의 소망이 그로부터 나오는도다 ⁶ 오직 그만이 나의 반석이시요 나의 구원이시요 나의 요새이시니 내가 흔들리지 아니하리로다 ⁷ 나의 구원과 영광이 하나님께 있음이여 내 힘의 반석과 피난처도 하나님께 있도다 ⁸ 백성들아 시시로 그를 의지하고 그의 앞에 마음을 토하라 하나님은 우리의 피난처시로다(셀라).
_시편 62편 5-8절

¹ 그러므로 형제들아 내가 하나님의 모든 자비하심으로 너희를 권하노니 너희 몸을 하나님이 기뻐하시는 거룩한 산 제물로 드리라 이는 너희가 드릴 영적 예배니라 ² 너희는 이 세대를 본받지 말고 오직 마음을 새롭게 함으로 변화를 받아 하나님의 선하시고 기뻐하시고 온전하신 뜻이 무엇인지 분별하도록 하라.

_로마서 12장 1-2절

0 2 일

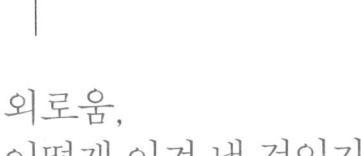

외로움,
어떻게 이겨 낼 것인가

수난이 시작되던 날 밤, 예수님은 수제자 셋을 데리고 겟세마네 동산으로 가셨다. 그리고 그곳에서 하나님께 고통스럽게 부르짖으셨는데, 그러는 동안 제자들에게 곁에 머물러 달라 부탁하셨다.

예수님은 그들에게 고통을 덜어 달라거나 무시무시한 운명을 바꿔 달라거나 하시지 않았다. 단지

이 고통스러운 시간에 곁에 함께 있어 주기만을 바라셨다. "내 마음이 심히 고민하여 죽게 되었으니 너희는 여기 머물러 깨어 있으라"(막 14:34).

하지만 예수님이 가서 확인하실 때마다 그들은 태평하게 잠만 자고 있었다. 이 세상의 어둠을 마주하는 것보다 더 고통스러운 일은 그것을 홀로 마주하는 것이다. 인생의 어두운 밤에는, 수많은 사람에게 둘러싸여 있어도 말로 다 표현할 수 없고 그 어떤 포옹으로도 어쩌지 못하는 슬픔이 우리 안에 흐른다. 오직 자신만이 아는 슬픔이 영혼 깊은 곳까지 사무친다. 친구들이 우리 문제를 해결해 주거나 우리의 고통을 말끔히 씻어 줄 거라는 기대는 애당초 접는 편이 현명하다.

예수님은 인간인 제자들의 한계를 잘 아셨기에 하나님을 향한 기도에 의지하셨다. "아빠 아버지여!" 그러자 아들의 고통스러운 울부짖음을 들은 아버지께서 세상의 능력을 초월하는 위로로 응답해 주셨다. "천사가 하늘로부터 예수께 나타나 힘을 더하더라"(눅 22:43).

하늘 아버지께서 우리도 똑같이 위로하신다. 세

상 그 무엇으로도 해결할 수 없는 외로움과 슬픔의 한복판에서 우리는 하늘에 계신 아버지께 울부짖을 수 있다. 극심한 고통의 순간에 우리는 아무도 볼 수 없는 것을 보시고, 아무도 들을 수 없는 것을 들으시며, 아무도 위로할 수 없는 상황을 위로해 주시는 하나님을 만날 수 있다.

하나님께 마음을 향하다

"나의 원대로 마시옵고
아버지의 원대로 하옵소서."

_마태복음 26장 39절

하나님 뜻을 마음에 채우다

¹ 내가 산을 향하여 눈을 들리라 나의 도움이 어디서 올까 ² 나의 도움은 천지를 지으신 여호와에게서로다 ³ 여호와께서 너를 실족하지 아니하게 하시며 너를 지키시는 이가 졸지 아니하시리로다 ⁴ 이스라엘을 지키시는 이는

졸지도 아니하시고 주무시지도 아니하시리로다 ⁵ 여호와는 너를 지키시는 이시라 여호와께서 네 오른쪽에서 네 그늘이 되시나니.
_시편 121편 1-5절

¹⁵ 너희는 다시 무서워하는 종의 영을 받지 아니하고 양자의 영을 받았으므로 우리가 아빠 아버지라고 부르짖느니라 ¹⁶ 성령이 친히 우리의 영과 더불어 우리가 하나님의 자녀인 것을 증언하시나니 ²⁶ 이와 같이 성령도 우리의 연약함을 도우시나니 우리는 마땅히 기도할 바를 알지 못하나 오직 성령이 말할 수 없는 탄식으로 우리를 위하여 친히 간구하시느니라 ²⁷ 마음을 살피시는 이가 성령의 생각을 아시나니 이는 성령이 하나님의 뜻대로 성도를 위하여 간구하심이니라.
_로마서 8장 15-16, 26-27절

03일

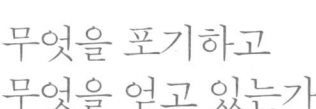

무엇을 포기하고
무엇을 얻고 있는가

예수님이 겟세마네 동산에서 드러내신 고뇌는, 수세기 전 이사야가 말한 고난의 종에 관한 예언을 이룬 것이었다. "그는 멸시를 받아 사람들에게 버림받았으며 간고를 많이 겪었으며 질고를 아는 자라"(사 53:3).

하지만 겟세마네 동산에서의 예수님을 묘사한

이 글은 사뭇 불완전하다. 당시 예수님의 내면은 곧 닥칠 죽음으로 인한 고뇌와 그 너머의 기쁨을 바라보는 비전으로 뒤섞여 있다고 히브리서 기자는 기록한다. 예수님을 따르는 길에서는 하나님의 뜻 앞에서 자신의 뜻을 부인해야 한다. 이는 당장의 만족을 주는 여정은 아니다. 그러나 십자가의 이면에서 그분의 임재를 발견함으로써 깊고도 무한한 만족을 경험하게 된다. 지독한 슬픔 속에도 기쁨의 씨앗은 깃들어 있다. 그래서 온통 어둠뿐인 한밤중에도 여전히 우리는 하나님을 향한 찬양으로 충만할 수 있는 것이다.

빈센트 반 고흐는 1876년, 선교사가 되려고 공부하던 중에 영어로 전한 다음 설교에서 이 역설을 잘 담아냈다.

> ㄴ 떠들썩하게 웃고 있어도 마음이 슬프니, 차라리 슬퍼하는 것이 기뻐하는 것보다 낫습니다. 초상집에 가는 것이 잔칫집에 가는 것보다 나음은 (전 7:2 참조), 슬픔 서린 낯빛이 도리어 마음을 더 좋게 만들기 때문입니다.

우리의 본성은 슬픔으로 가득하지만 예수 그리스도를 바라보는 법을 배운 사람들, 그리고 배워 가는 사람들에게는 언제나 기뻐할 이유가 있습니다. 사도 바울은 슬픔 가운데서도 항상 기뻐할 수 있다는 복된 소식을 전해 주었습니다.

예수 그리스도를 믿는 자들에게는 소망 없는 죽음이나 슬픔은 없습니다. 완전한 절망도 없습니다. 오직 어둠에서 빛으로 끊임없이 나아가는, 지속적인 거듭남만 있을 뿐입니다.

하나님께 마음을 향하다

"나의 원대로 마시옵고
아버지의 원대로 하옵소서."

_마태복음 26장 39절

---── 하나님 뜻을 마음에 채우다 ──---

¹ 이러므로 우리에게 구름같이 둘러싼 허다한 증인들이 있으니 모든 무거운 것과 얽매이기 쉬운 죄를 벗어 버리고 인내로써 우리 앞에 당한 경주를 하며 ² 믿음의 주요 또 온전하게 하시는 이인 예수를 바라보자 그는 그 앞에 있는 기쁨을 위하여 십자가를 참으사 부끄러움을 개의치 아니하시더니 하나님 보좌 우편에 앉으셨느니라.
_히브리서 12장 1-2절

⁸ 영광과 욕됨으로 그러했으며 악한 이름과 아름다운 이름으로 그러했느니라 우리는 속이는 자 같으나 참되고 ⁹ 무명한 자 같으나 유명한 자요 죽은 자 같으나 보라 우리가 살아 있고 징계를 받는 자 같으나 죽임을 당하지 아니하고 ¹⁰ 근심하는 자 같으나 항상 기뻐하고 가난한 자 같으나 많은 사람을 부요하게 하고 아무것도 없는 자 같으나 모든 것을 가진 자로다.
_고린도후서 6장 8-10절

두 번째 순례처

배신

가롯 유다에게

배신당하신

예수님을 만나다

마태복음 26장 47-56절

47 말씀하실 때에 열둘 중의 하나인 유다가 왔는데 대제사장들과 백성의 장로들에게서 파송된 큰 무리가 칼과 몽치를 가지고 그와 함께 하였더라 48 예수를 파는 자가 그들에게 군호를 짜 이르되 내가 입맞추는 자가 그이니 그를 잡으라 한지라 49 곧 예수께 나아와 랍비여 안녕하시옵니까 하고 입을 맞추니 50 예수께서 이르시되 친구여 네가 무엇을 하려고 왔는지 행하라 하신대 이에 그들이 나아와 예수께 손을 대어 잡는지라 51 예수와 함께 있던 자 중의 하나가 손을 펴 칼을 빼어 대제사장의 종을 쳐 그 귀를 떨어뜨리니 52 이에 예수께서 이르시되 네 칼을 도로 칼집에 꽂으라 칼을 가지는 자는 다 칼로 망하느니라 53 너는 내가 내 아버지께 구하여 지금 열두 군단 더 되는 천사를 보내시게 할 수 없는 줄로 아느냐 54 내가 만일 그렇게 하면 이런 일이 있으리라 한 성경이 어떻게 이루어지겠느냐 하시더라 55 그때에 예수께서 무리에게 말씀하시되 너희가 강도를 잡는 것같이 칼과 몽치를 가지고 나를 잡으러 나왔느냐 내가 날마다 성전에 앉아 가르쳤으되 너희가 나를 잡지 아니하였도다 56 그러나 이렇게 된 것은 다 선지자들의 글을 이루려 함이니라 하시더라 이에 제자들이 다 예수를 버리고 도망하니라.

04일

나도
'친구인 체하는 스파이'인가

가룟 유다가 겟세마네 동산에 도착했을 때, 예수님은 그의 악한 속셈을 정확히 간파하셨다. 그런데도 여전히 그를 "친구"(마 26:50)로 맞아 주셨다. 적의 손에 당해도 고통스럽지만 친구에게 당하는 배신은 몇 갑절 더 고통스럽다. 예수님의 고난은 로마인의 채찍질이나 경비병이 가하는 구타가 아닌 친구의 입맞춤으로 시작되었다. 온 마음을 다해 사랑한 사람이 등에 배신의 칼을 꽂았다.

가룟 유다가 예수님을 "랍비"와 "주"라고 불렀지만 그분을 배신하는 대가로 은 30냥을 받아 든 순간 그의 진짜 주인이 드러났다. 그가 받드는 주인은 바로 돈이었다. 베드로도 목숨을 바칠 만큼 예수님을 사랑한다고 호언장담했지만 나중에 목숨을 부지하기 위해 결국 그분을 부인했다. 둘 다 입술로는 예수님을 높였지만 마음은 그분에게서 한없이 멀어져 있었다.

대개 가룟 유다를 악인으로 매도한다. 물론 그는 그런 말을 들어도 마땅한 인간이다. 하지만 우리도 크게 다를 바는 없다. 그리스도께 립 서비스를 하기는 얼마나 쉬운가. 우리는 찬양과 기도를 올리고, 성경 구절로 장식한 말을 늘어놓으면서 독실한 신앙인인 척하지만 그럴듯한 가면 바로 아래에는 언제 어떻게 주님을 배신할지 모르는 마음이 도사리고 있다.

그러나 우리가 배신할 때조차 예수님은 여전히 우리를 "친구"로 받아 주신다. 친구! 이 한마디는 그분의 사랑과 우리 죄의 크기를 그대로 보여 준다.

하나님께 마음을 향하다

"오, 주님, 저는 수시로 주님을 버렸지만
주님은 한 번도 저를 버리지 않으셨습니다.
제가 고집스레 다른 곳을 쳐다볼 때조차도
주님의 사랑의 팔은 늘 저를 향해 뻗어 있습니다. 아멘."

_아빌라의 테레사, 1515-1582

하나님 뜻을 마음에 채우다

12 내 계명은 곧 내가 너희를 사랑한 것같이 너희도 서로 사랑하라 하는 이것이니라 13 사람이 친구를 위하여 자기 목숨을 버리면 이보다 더 큰 사랑이 없나니 14 너희는 내가 명하는 대로 행하면 곧 나의 친구라 15 이제부터는 너희를 종이라 하지 아니하리니 종은 주인이 하는 것을 알지 못함이라 너희를 친구라 하였노니 내가 내 아버지께 들은 것을 다 너희에게 알게 하였음이라.

_요한복음 15장 12-15절

[15] 미쁘다 모든 사람이 받을 만한 이 말이여 그리스도 예수께서 죄인을 구원하시려고 세상에 임하셨다 하였도다 죄인 중에 내가 괴수니라 [16] 그러나 내가 긍휼을 입은 까닭은 예수 그리스도께서 내게 먼저 일체 오래 참으심을 보이사 후에 주를 믿어 영생 얻는 자들에게 본이 되게 하려 하심이라 [17] 영원하신 왕 곧 썩지 아니하고 보이지 아니하고 홀로 하나이신 하나님께 존귀와 영광이 영원무궁 하도록 있을지어다 아멘.

_디모데전서 1장 15-17절

0 5 일

캄캄한 상황에서도
여전히 빛을 볼 수 있는가

제자들은 예수님이 체포당하리라고 꿈에도 생각지 못했다. 제자들은 스승이 로마 정부를 뒤엎고 스스로 왕위에 올라 하나님의 백성을 위한 정의를 회복시키시리라 기대하며 이미 한 주 전부터 예루살렘에 와 있던 터였다. 그런데 병사들과 변절자에게 포위되고 그토록 강하셨던 스승이 순순히 오라를 받다니 이게

웬일인가. 예수님은 그 순간을 "어둠의 권세"가 다스리는 시간이라고 부르셨다(눅 22:53 참조).

어둠의 권세가 다스리는 시간. 이는 제자들이 보는 상황을 그대로 담아낸 표현이다. 눈앞에서 벌어지는 상황은 분명 악하고 불의했다. 예수님이 배신과 체포를 당하고 결국 처형을 당하는 상황은 결코 하나님 나라의 모습이라고 말할 수 없다.

왜 예수님은 거부하시지 않았을까? 그 밤의 그림자 이면에서 더 큰 뭔가가 벌어지고 있음을 아셨기 때문이다. 예수님은 이 모든 일이 무작위적인 사건이나 단순한 악의 공작이 아님을 아셨다. 이 모든 일은 아버지의 계획에 따라 이루어진 것이었다. C. S. 루이스의 말을 빌리자면 "더 깊은 마법"(a deeper magic)이 일어나고 있었다.

그 밤에 혼비백산해서 뿔뿔이 도망쳤던 예수님의 제자들처럼 우리도 어두운 상황 속에서 더 깊은 마법을 보지 못할 때가 얼마나 많은가. 모든 일, 심지어 악한 일까지도 합력하여 선을 이루게 하시는 하늘 아버지를 잘 보지 못하거나 믿지 못한다. 맨발의 카르멜 수도회를 창설한 '십자가의 요한'은 다음과 같이 말했다.

> 어둠 속에서도 믿음과 소망으로 살라. 하나님은 어둠 속에서도 영혼을 보호하시니. 하나님을 의지하라. 당신은 그분의 것이고 그분은 당신을 잊지 않으시리니. 그분이 당신을 홀로 버려 두고 계신다고 생각하지 마라. 그런 생각은 그분에 대한 모욕이니.

―― 하나님께 마음을 향하다 ――

"오, 주님, 저는 수시로 주님을 버렸지만
주님은 한 번도 저를 버리지 않으셨습니다.
제가 고집스레 다른 곳을 쳐다볼 때조차도
주님의 사랑의 팔은 늘 저를 향해 뻗어 있습니다. 아멘."

_아빌라의 테레사, 1515-1582

── 하나님 뜻을 마음에 채우다 ──

우리가 알거니와 하나님을 사랑하는 자 곧 그의 뜻대로 부르심을 입은 자들에게는 모든 것이 합력하여 선을 이루느니라.
_로마서 8장 28절

[18] 그의 형들이 또 친히 와서 요셉의 앞에 엎드려 이르되 우리는 당신의 종들이니이다 [19] 요셉이 그들에게 이르되 두려워하지 마소서 내가 하나님을 대신하리이까 [20] 당신들은 나를 해하려 하였으나 하나님은 그것을 선으로 바꾸사 오늘과 같이 많은 백성의 생명을 구원하게 하시려 하셨나니.
_창세기 50장 18-20절

06일

위협을 느낄 때
어떻게 반응하는가

유기체는 위협을 감지하면 싸우거나 도망치거나 이 두 가지 방식 중 하나로 반응한다. 겟세마네 동산에서 예수님이 배신과 체포를 당하시던 밤에도 이런 생존본능을 볼 수 있다. 가룟 유다가 병사들을 이끌고 나타나자 예수님의 제자들은 겁에 질렸다. 그때 베드로는 싸우기로 결심하고 검을 들었다. 하지만 병사가 아닌 어부로 살았던 그가 할 수 있는 일이라곤 그저 적군 한 명의 귀를 베는 것뿐이었다. 싸워 봐야 소용이 없다는 것을 깨달은 베드로와 나머지 제자들은 스승이고 뭐고 다 팽개치고 도망쳐서 어딘가로 숨어 버렸다.

하지만 예수님이 보이신 반응은 베드로와 달라도 너무 달랐다. 베드로는 두려움으로 반응했지만 예수님은 믿음으로 반응하셨다. 베드로는 공격적으로 행동했지만 예수님은 긍휼함으로 행동하셨다. 예수님은 베드로가 잘라 버린 귀를 오히려 치유해 주셨다. 그토록 위험한 상황에서 왜 예수님은 그런 방식으로 반응하셨을까? 어떻게 예수님은 싸우거나 도망치는 대신 원수를 사랑하실 수 있었을까?

예수님은 우리가 택할 수 있는 제3의 길이 있음을 보여 주신다. 위협을 당할 때, 세상이 위험한 곳처럼 보일 때 우리도 예수님처럼 두려움이 아닌 믿음으로 반응할 수 있다. 여전히 하나님이 우리와 함께 계시며 죽음조차도 우리를 그분의 사랑에서 갈라놓을 수 없다는 사실을 믿을 수 있다. 이 지식으로 단단히 무장하면 두려움은 날아가고 분노는 잦

아든다. 그리고 마침내 우리를 해치려는 사람들까지도 사랑할 힘이 솟아난다.

―――― 하나님께 마음을 향하다 ――――

"오, 주님, 저는 수시로 주님을 버렸지만
주님은 한 번도 저를 버리지 않으셨습니다.
제가 고집스레 다른 곳을 쳐다볼 때조차도
주님의 사랑의 팔은 늘 저를 향해 뻗어 있습니다. 아멘."

_아빌라의 테레사, 1515-1582

하나님 뜻을 마음에 채우다

⁴³ 또 네 이웃을 사랑하고 네 원수를 미워하라 하였다는 것을 너희가 들었으나 ⁴⁴ 나는 너희에게 이르노니 너희 원수를 사랑하며 너희를 박해하는 자를 위하여 기도하라 ⁴⁵ 이같이 한즉 하늘에 계신 너희 아버지의 아들이 되리니 이는 하나님이 그 해를 악인과 선인에게 비추시며 비를 의로운 자와 불의한 자에게 내려주심이라 ⁴⁶ 너희가 너희를 사랑하는 자를 사랑하면 무슨 상이 있으리요 세리도 이같이 아니하느냐.
_마태복음 5장 43-46절

³⁸ 내가 확신하노니 사망이나 생명이나 천사들이나 권세자들이나 현재 일이나 장래 일이나 능력이나 ³⁹ 높음이나 깊음이나 다른 어떤 피조물이라도 우리를 우리 주 그리스도 예수 안에 있는 하나님의 사랑에서 끊을 수 없으리라.
_로마서 8장 38-39절

세 번째 순례처

불의

산헤드린 공회에서
사형 선고를 받으신
예수님을 만나다

마가복음 14장 55-65절

---

55 대제사장들과 온 공회가 예수를 죽이려고 그를 칠 증거를 찾되 얻지 못하니 56 이는 예수를 쳐서 거짓 증언하는 자가 많으나 그 증언이 서로 일치하지 못함이라 57 어떤 사람들이 일어나 예수를 쳐서 거짓 증언하여 이르되 58 우리가 그의 말을 들으니 손으로 지은 이 성전을 내가 헐고 손으로 짓지 아니한 다른 성전을 사흘 동안에 지으리라 하더라 하되 59 그 증언도 서로 일치하지 않더라 60 대제사장이 가운데 일어서서 예수에게 물어 이르되 너는 아무 대답도 없느냐 이 사람들이 너를 치는 증거가 어떠하냐 하되 61 침묵하고 아무 대답도 아니하시거늘 대제사장이 다시 물어 이르되 네가 찬송받을 이의 아들 그리스도냐 62 예수께서 이르시되 내가 그니라 인자가 권능자의 우편에 앉은 것과 하늘 구름을 타고 오는 것을 너희가 보리라 하시니 63 대제사장이 자기 옷을 찢으며 이르되 우리가 어찌 더 증인을 요구하리요 64 그 신성 모독하는 말을 너희가 들었도다 너희는 어떻게 생각하느냐 하니 그들이 다 예수를 사형에 해당한 자로 정죄하고 65 어떤 사람은 그에게 침을 뱉으며 그의 얼굴을 가리고 주먹으로 치며 이르되 선지자 노릇을 하라 하고 하인들은 손바닥으로 치더라.

07일

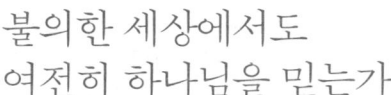

불의한 세상에서도 여전히 하나님을 믿는가

세 번째 순례처에서는 새로운 형태의 악이 추악한 고개를 쳐든다. 바로 부패한 권력의 불의다.

산헤드린 공회의 이중적인 모습을 보라. 그들은 예수님이 매일 성전에서 공개적으로 가르치실 때 체포할 수도 있었다. 하지만 그들은 대중의 반발을 피하고자 야음을 틈타 도시 밖에서 그분을 기습적으로 체포했다. 그것도 모자라 예수님을 변호할 사람들이 찾아올 수 없도록 재판을 은밀히 진행했다. 마지막으로, 예수님을 사형시킬 구실을 만들어 낼 속셈으로 거짓 증인들을 준비시켰다.

산헤드린 공회는 정의를 추구하지 않고 지위를 유지하기 위해 힘을 남용했다. 그들은 권력을 유지하기 위해 무고한 사람에게 불리하게끔 사법 시스템을 조작했다.

예수님은 조직적인 불의의 희생자가 되는 것이 어떤 것인지를 누구보다도 잘 아신다. 그분은 권력에 눈이 먼 부패한 인간들이 힘없고 무고한 사람에게 무슨 짓을 할 수 있는지 너무도 잘 아신다. 그분은 세상 모든 권력의 화살을 한 몸에 받는 기분을 너무도 잘 아신다. 이것이 예로부터 압제를 당했던 사람들이 '고난의 종'께 깊은 유대감을 느꼈던 이유다.

예수님은 우리 죄의 대가를 치르셨을 뿐 아니라 불의 앞에서 초자연적인 용기를 보여 주셨다. 예수님은 불의의 공격에 굴복하시지 않고 "오직 공의로 심판하시는 이에게" 모든 것을 맡기셨다(벧전 2:23). 예수님은 세상의 권력을 남용하는 자들이 결국 더 높으신 분 앞에서 추궁 당할 날이 온다는 사실을 잊지 말라고 말씀하신다.

하나님께 마음을 향하다

"오, 하나님, 의의 왕이시여,
각 사람이 모두를 위해 살고
모두가 각 사람을 돌볼 수 있도록 ……
모든 압제와 불의를 무너뜨릴
용기를 주십시오. 아멘."

_윌리엄 템플, 1881-1944

하나님 뜻을 마음에 채우다

[20] 죄가 있어 매를 맞고 참으면 무슨 칭찬이 있으리요 그러나 선을 행함으로 고난을 받고 참으면 이는 하나님 앞에 아름다우니라 [21] 이를 위하여 너희가 부르심을 받았으니 그리스도도 너희를 위하여 고난을 받으사 너희에게 본을 끼쳐 그 자취를 따라오게 하려 하셨느니라 [22] 그는

죄를 범하지 아니하시고 그 입에 거짓도 없으시며 ²³ 욕을 당하시되 맞대어 욕하지 아니하시고 고난을 당하시되 위협하지 아니하시고 오직 공의로 심판하시는 이에게 부탁하시며.
_베드로전서 2장 20-23절

²⁵ 예수께서 제자들을 불러다가 이르시되 이방인의 집권자들이 그들을 임의로 주관하고 그 고관들이 그들에게 권세를 부리는 줄을 너희가 알거니와 ²⁶ 너희 중에는 그렇지 않아야 하나니 너희 중에 누구든지 크고자 하는 자는 너희를 섬기는 자가 되고 ²⁷ 너희 중에 누구든지 으뜸이 되고자 하는 자는 너희의 종이 되어야 하리라.
_마태복음 20장 25-27절

08일

모함을 당해도 침묵할 믿음이 있는가

예수님은 산헤드린 공회가 매수한 증인들로 엉터리 재판을 벌이는 내내 침묵하셨다. 스스로를 변호하지도 않고 고소인들을 꾸짖지도 않으셨다. 성전 뜰에서 수시로 종교 지도자들과 논쟁을 벌여 꼼짝 못하게 하셨던 모습과는 너무도 딴판이었다.

리처드 포스터는 이런 말을 했다. "침묵은 모든

자기변호를 포기하는 것이기 때문에 성령의 가장 깊은 열매 중 하나다." 예수님이 침묵하셨던 것은 자신을 변호할 필요성을 전혀 느끼시지 못했기 때문이다. 자신의 무죄가 너무도 명백했고 하나님께 모든 것을 맡기셨기에 예수님은 굳이 말할 필요를 느끼시지 못했다.

반면 그날 밤 이 재판을 가까이서 지켜보았던 베드로는 예수님과 전혀 다르게 행동했다. 그는 입을 다물지 못하고 예수님을 모른다며 스스로를 변호했다. 그러나 그렇게 떠들수록, 죄만 짓고 믿음 없음이 드러날 뿐이었다.

침묵은 우리 자신을 하나님께 맡긴다는 뜻이다. 말을 멈추면 자기방어와 신세한탄, 무엇보다도 변명과 핑계를 멈추게 된다. 말을 멈추면 자기변호라는 감당하기 무거운 짐을 하나님 앞에 내려놓고 편히 쉴 수 있다.

하나님께 마음을 향하다

"오, 하나님, 의의 왕이시여,

각 사람이 모두를 위해 살고

모두가 각 사람을 돌볼 수 있도록 ……

모든 압제와 불의를 무너뜨릴

용기를 주십시오. 아멘."

_**윌리엄 템플**, 1881-1944

하나님 뜻을 마음에 채우다

[6] 우리는 다 양 같아서 그릇 행하여 각기 제 길로 갔거늘 여호와께서는 우리 모두의 죄악을 그에게 담당시키셨도다 [7] 그가 곤욕을 당하여 괴로울 때에도 그의 입을 열지 아니하였음이여 마치 도수장으로 끌려가는 어린 양과 털 깎는 자 앞에서 잠잠한 양같이 그의 입을 열지 아니하였도다.

_이사야 53장 6-7절

[66] 베드로는 아랫뜰에 있더니 대제사장의 여종 하나가 와서 [67] 베드로가 불 쬐고 있는 것을 보고 주목하여 이르되

너도 나사렛 예수와 함께 있었도다 하거늘 [68] 베드로가 부인하여 이르되 나는 네가 말하는 것이 무엇인지 알지도 못하고 깨닫지도 못하겠노라 하며 앞뜰로 나갈새 [69] 여종이 그를 보고 곁에 서 있는 자들에게 다시 이르되 이 사람은 그 도당이라 하되 [70] 또 부인하더라 조금 후에 곁에 서 있는 사람들이 다시 베드로에게 말하되 너도 갈릴리 사람이니 참으로 그 도당이니라 [71] 그러나 베드로가 저주하며 맹세하되 나는 너희가 말하는 이 사람을 알지 못하노라 하니 [72] 닭이 곧 두 번째 울더라 이에 베드로가 예수께서 자기에게 하신 말씀 곧 닭이 두 번 울기 전에 네가 세 번 나를 부인하리라 하심이 기억되어 그 일을 생각하고 울었더라.

_마가복음 14장 66-72절

0 9 일

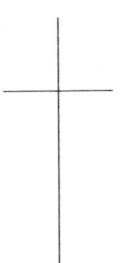

'무엇'이 하나님을
알아보지 못하게 가로막는가

예수님은 매일같이 보여 주셨던 놀라운 능력과 권위를 그 재판날 밤에는 전혀 내보이지 않으셨다. 눈먼 사람을 치유하시고 죽은 사람도 살리셨던 분이 자신을 공격하는 대제사장과 장로들 앞에서는 그저 무기력한 모습으로 서 계셨다. 말 한마디로 바다를 잠잠케 하셨던 분이 그날 밤에는 거짓 증인들과 악의 목소리를 묵묵히 듣고만 계셨다. 답답해진 대제사장이 결국 단도직입으로 물었다. "네가 하나님의 아들 메시아냐, 아니냐?"(막 14:61 참조)

마침내 예수님이 입을 여셨다. "내가 그니라"(I am-NIV). 여기서 예수님은 하나님의 히브리어 이름(I am, "스스로 있는 자")을 연상시키기 위해 일부러 이 표현을 사용하셨다(출 3:14 참조). "내가 그니라 인자가 권능자의 우편에 앉은 것과 하늘 구름을 타고 오는 것을 너희가 보리라"(막 14:62). 또한 모두가 금방 알아차릴 수 있도록 메시아에 관한 다니엘서의 유명한 환상을 차용하셨다.

하지만 다니엘이 본 권능의 환상은, 대제사장의 무리 앞에서 결박을 당해 있는 사람의 초라한 행색과는 너무도 달랐다. 그렇다 보니 그들이 볼 때 예수님의 주장은 허무맹랑한 수준을 넘어 신성모독이었다. 마치 고양이가 사자라고 우기는 꼴이었다.

그들로서는 도저히 받아들일 수 없는 주장이었다. 아무 힘도 없어 보이는 이 고집쟁이 목수는 도저히 전능하신 메시아요 성육신한 하나님일 수가 없었다. 제사장들은 예수님의 주장을 신성모독으로 여겨 옷을 찢고 만장일치로 사형을 선고했다. 그러고 나서 너도 나도 그분을 때리고 얼굴에 침을 뱉으며 조롱했다. 그들에게 예수님은 거짓말쟁이보다도 나쁜, 악질 중에 악질이었다.

놀랍게도 그들은 이스라엘에서 가장 많이 배운 학자들이었다. 그들은 어릴 적부터 성경을 줄줄 외우고 평생 그 의미를 탐구해 온 사람들이다. 그런데 정작 그 성경의 하나님을 눈앞에서 보고도 알아보지 못했다. 심지어 그분이 하나님이라고 친절히 알려 주시는데도 깨닫지를 못하니 얼마나 안타까운 노릇인가!

이는 우리 모두에게 경종을 울리는 사건이다. 지식만으로는 진리를 보거나 하나님을 알아볼 수 없다. 우리가 강하고 화려한 무리 중에서만 그분을 찾는 사이, 그분은 한없이 초라한 모습으로 우리 곁을 지나가실지도 모른다.

―― 하나님께 마음을 향하다 ――

"오, 하나님, 의의 왕이시여,

각 사람이 모두를 위해 살고

모두가 각 사람을 돌볼 수 있도록 ……

모든 압제와 불의를 무너뜨릴

용기를 주십시오. 아멘."

_윌리엄 템플, 1881-1944

── 하나님 뜻을 마음에 채우다 ──

³⁹ 너희가 성경에서 영생을 얻는 줄 생각하고 성경을 연구하거니와 이 성경이 곧 내게 대하여 증언하는 것이니라 ⁴⁰ 그러나 너희가 영생을 얻기 위하여 내게 오기를 원하지 아니하는도다.
_요한복음 5장 39-40절

⁵⁶ 너희 조상 아브라함은 나의 때 볼 것을 즐거워하다가 보고 기뻐하였느니라 ⁵⁷ 유대인들이 이르되 네가 아직 오십 세도 못되었는데 아브라함을 보았느냐 ⁵⁸ 예수께서 이르시되 진실로 진실로 너희에게 이르노니 아브라함이 나기 전부터 내가 있느니라 하시니 ⁵⁹ 그들이 돌을 들어 치려 하거늘 예수께서 숨어 성전에서 나가시니라.
_요한복음 8장 56-59절

네 번째 순례처

실패

예수님을

부인한

베드로를 만나다

누가복음 22장 54-62절

---

54 예수를 잡아끌고 대제사장의 집으로 들어갈새 베드로가 멀찍이 따라가니라 55 사람들이 뜰 가운데 불을 피우고 함께 앉았는지라 베드로도 그 가운데 앉았더니 56 한 여종이 베드로의 불빛을 향하여 앉은 것을 보고 주목하여 이르되 이 사람도 그와 함께 있었느니라 하니 57 베드로가 부인하여 이르되 이 여자여 내가 그를 알지 못하노라 하더라 58 조금 후에 다른 사람이 보고 이르되 너도 그 도당이라 하거늘 베드로가 이르되 이 사람아 나는 아니로라 하더라 59 한 시간쯤 있다가 또 한 사람이 장담하여 이르되 이는 갈릴리 사람이니 참으로 그와 함께 있었느니라 60 베드로가 이르되 이 사람아 나는 네가 하는 말을 알지 못하노라고 아직 말하고 있을 때에 닭이 곧 울더라 61 주께서 돌이켜 베드로를 보시니 베드로가 주의 말씀 곧 오늘 닭 울기 전에 네가 세 번 나를 부인하리라 하심이 생각나서 62 밖에 나가서 심히 통곡하니라.

10일

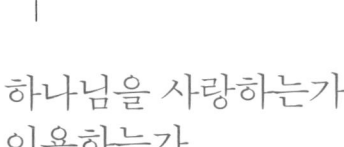

하나님을 사랑하는가, 이용하는가

베드로는 병사들에게 끌려가는 예수님을 따라 겟세마네 동산에서 대제사장의 뜰까지 갔다. 거기서 으슥한 곳에 숨어 예수님이 조롱과 매질을 당하고, 결국 사형 선고를 받으시는 처참한 광경을 낱낱이 지켜보았다(막 14:53-65 참조).

그러다 누군가가 베드로가 예수님을 따라다니

던 갈릴리 사람이라는 것을 알아봤다. 그러자 베드로는 예수님을 알지도 못한다고 점점 더 강력하게 부인했다. 불과 몇 시간 전만 해도 예수님을 위해 목숨까지 내어놓겠다던 사람이 어찌 이렇게 돌변할 수 있단 말인가.

도대체 어떻게 된 것인가? 무엇이 충성스러운 제자 베드로를 변절자로 탈바꿈시켰는가? 예수님이 체포를 당하시기 전까지만 해도 베드로는 그분과의 친분이 부와 명예, 권력으로 가는 지름길이라고 철석같이 믿었다. 그는 다가올 예수님의 나라에서 자신의 지위를 놓고 제자들과 입씨름을 벌였고, 산 위에서 예수님의 영광을 본 뒤에는 자신도 그런 위대한 자리에 오를 거라고 믿어 의심치 않았다. 그러나 예수님과의 친분이 더 이상 자산이 아닌 쓸모없는 짐이 되어 버리자 베드로는 가차 없이 그분을 버리고 만다.

브라이언 스티븐슨은 사형수들을 대변하는 변호사인데, 《월터가 나에게 가르쳐 준 것》(*Just Mercy*, 열린책들 역간)이라는 책에서 이런 말을 했다. "우리 인격의 진정한 척도는 가난하고 소외당하고 고소

당하고 투옥당한 자들을 대하는 모습이다." 다시 말해, 우리의 평판에 마이너스가 되었으면 되었지 절대 플러스가 되지 않을 사람들 앞에서 우리의 진정한 인격이 드러난다. 그렇다면 베드로의 인격은 어떠한 것 같은가? 그리고 당신의 인격은 어떠한가?

─── 하나님께 마음을 향하다 ───

"오, 나의 하나님, 주님을 믿습니다.
그렇지만 제 믿음을 더욱더 키워 주십시오. 아멘."

_리처드 첼로너, 1691-1781

─── 하나님 뜻을 마음에 채우다 ───

서로 마음을 같이하며 높은 데 마음을 두지 말고 도리어 낮은 데 처하며 스스로 지혜 있는 체하지 말라.
_로마서 12장 16절

³⁷ 이에 의인들이 대답하여 이르되 주여 우리가 어느 때에 주께서 주리신 것을 보고 음식을 대접하였으며 목마르신 것을 보고 마시게 하였나이까 ³⁸ 어느 때에 나그네 되신 것을 보고 영접하였으며 헐벗으신 것을 보고 옷 입혔나이까 ³⁹ 어느 때에 병드신 것이나 옥에 갇히신 것을 보고 가서 뵈었나이까 하리니 ⁴⁰ 임금이 대답하여 이르시되 내가 진실로 너희에게 이르노니 너희가 여기 내 형제 중에 지극히 작은 자 하나에게 한 것이 곧 내게 한 것이니라 하시고.

_마태복음 25장 37-40절

11일

실패했을 때
어떻게 행동하는가

그날 밤, 세 명의 낯선 사람이 베드로의 정체를 폭로했다. 그때마다 베드로는 점점 더 거세게 부인했다. 그렇게 세 번이나 부인한 순간 '주께서 돌이켜 베드로를 보셨다'(눅 22:61 참조). 어둠 속에서 베드로와 예수님의 눈이 마주쳤을 때 베드로가 느꼈을 죄책감을 상상해 보라.

예수님이 체포되시기 전만 해도 베드로는 자신을 "반석"이라는 이름으로 불러 주신 데 걸맞은 리더요 예수님의 수제자로 여겼다. 그는 겟세마네 동산에서 예수님을 구하기 위해 검을 뽑은 제자였고, 예수님의 초대에 응해 배 밖으로 발을 내딛어 물 위를 걸었던 유일한 제자였다.

    하지만 성전 뜰 건너편에서 예수님이 쳐다보셨을 때 베드로의 진짜 모습이 적나라하게 드러났다. 알고 보니 그는 견고한 반석보다 비열한 배신자에 가까운 사람이었다. 그는 자신에 관한 이 부끄러운 진실을 도저히 마주할 수 없어 눈물을 줄줄 흘리며 도망쳤다.

    베드로처럼 우리도 예수님의 두 눈을 바라보면 자신의 진짜 모습과 마주하게 된다. 그 순간, 우리가 꾸며 낸 거짓된 모습, 우리가 SNS에 올려서 자랑하는 그 모습, 진짜인 것으로 믿고 싶은 그 모습은 녹아내린다. 자신이 얼마나 밑바닥까지 타락했는지를 처음으로 적나라하게 보는 순간은 지독히 고통스럽고 곤혹스럽다.

    하지만 기억할 것이 있다. 예수님은 베드로의

부인이나 약한 믿음에 전혀 놀라시지 않았다. 그분은 베드로의 진짜 모습을 전부터 계속해서 봐 오셨다. 그래서 그날 밤 베드로가 자신을 세 번이나 부인할 줄 이미 아셨다. 보다시피 그날 밤 진실을 처음 마주하고 놀라서 운 것은 예수님이 아니라 베드로였다. 예수님은 베드로의 약함과 죄를 늘 보면서도 상관없이 사랑하셨다. 하지만 우리는 자신에 관한 진실을 주님보다 훨씬 못 받아들인다.

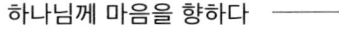

하나님께 마음을 향하다

"오, 나의 하나님, 주님을 믿습니다.
그렇지만 제 믿음을 더욱더 키워 주십시오. 아멘."

_리처드 챌로너, 1691-1781

―――― 하나님 뜻을 마음에 채우다 ――――

내게 주신 은혜로 말미암아 너희 각 사람에게 말하노니 마땅히 생각할 그 이상의 생각을 품지 말고 오직 하나님께서 각 사람에게 나누어 주신 믿음의 분량대로 지혜롭게 생각하라.
_**로마서 12장 3절**

[10] 두 사람이 기도하러 성전에 올라가니 하나는 바리새인이요 하나는 세리라 [11] 바리새인은 서서 따로 기도하여 이르되 하나님이여 나는 다른 사람들 곧 토색, 불의, 간음을 하는 자들과 같지 아니하고 이 세리와도 같지 아니함을 감사하나이다 [12] 나는 이레에 두 번씩 금식하고 또 소득의 십일조를 드리나이다 하고 [13] 세리는 멀리 서서 감히 눈을 들어 하늘을 쳐다보지도 못하고 다만 가슴을 치며 이르되 하나님이여 불쌍히 여기소서 나는 죄인이로소이다 하였느니라 [14] 내가 너희에게 이르노니 이에 저 바리새인이 아니고 이 사람이 의롭다 하심을 받고 그의 집으로 내려갔느니라 무릇 자기를 높이는 자는 낮아지고 자기를 낮추는 자는 높아지리라 하시니라.
_**누가복음 18장 10-14절**

12일

나를 규정하는 것은 '내 죄'인가, '내 구주'인가

우리는 죄를 쉽게 용서하지도, 잊지도 않는 냉혹한 사회에서 살고 있다. SNS가 발달하면서 창피한 소식이나 부끄러운 사진이 급속도로 퍼져 나갈 뿐 아니라, 인터넷 바다에 영원히 떠다닌다. 법이 엄격해서 전과가 있는 사람은 새 출발을 하기가 여간 힘든 게 아니다. 지워지지 않는 주홍 글씨로 인해 집이나 직장, 학교에 들어가지 못하고 투표도 하지 못하는 사람이 부지기수다.

베드로는 끔찍한 죄를 저질렀다. 주님을 연거푸 세 번이나 부인했으니 어디 보통 불충인가. 예수님께 버림을 받고 다른 제자들에게 외면을 당해도 할 말이 없다. 리더 자리는 당연히 내놓아야 하고, 평생 낙인을 달고 살아야 한다. 베드로는 남은 평생 수치심에 떨 수도 있었다. 하지만 그러지 않았다. 예수님은 부활하신 뒤에 베드로가 부인한 일을 용서하시고 그의 지위와 그와의 우정을 회복해 주셨다.

세상은 죄와 실패에 따라 우리에게 부정적인 꼬리표를 붙이려고 하지만, 브라이언 스티븐슨의 말처럼 "우리가 저지른 몹쓸 짓이 우리의 전부는 아니다." 예수님은 언제나 우리의 실수 이상의 것을 봐 주신다. 그분은 하나님의 형상을 따라 창조되어 그 어떤 추악한 과거로부터도 구속될 수 있는 인간을 보신다. 이것이 그분이 사기꾼, 간통한 사람, 도둑 같은 죄인들을 친구로 사귀고 심지어 자신을 죽이는 자들까지도 용서해 달라 아버지께 구할 수 있었던 이유다.

―― 하나님께 마음을 향하다 ――

"오, 나의 하나님, 주님을 믿습니다.
그렇지만 제 믿음을 더욱더 키워 주십시오. 아멘."

_리처드 챌로너, 1691-1781

―― 하나님 뜻을 마음에 채우다 ――

¹³ 예수께서 가서서 떡을 가져다가 그들에게 주시고 생선도 그와 같이 하시니라 ¹⁴ 이것은 예수께서 죽은 자 가운데서 살아나신 후에 세 번째로 제자들에게 나타나신 것이라 ¹⁵ 그들이 조반 먹은 후에 예수께서 시몬 베드로에게 이르시되 요한의 아들 시몬아 네가 이 사람들보다 나를 더 사랑하느냐 하시니 이르되 주님 그러하나이다 내가 주님을 사랑하는 줄 주님께서 아시나이다 이르시되 내 어린 양을 먹이라 하시고 ¹⁶ 또 두 번째 이르시되 요한의 아들 시몬아 네가 나를 사랑하느냐 하시니 이르되 주님 그러하나이다 내가 주님을 사랑하는 줄 주님께서 아시나이다 이르시되 내 양을 치라 하시고 ¹⁷ 세 번째 이르시되 요한의 아들 시몬아 네가 나를 사랑하느냐 하시니 주께서 세 번째 네가 나를 사랑하느냐 하시므로 베드로가 근심하여 이르되 주님 모든 것을 아시오매 내가 주님을 사랑하는 줄을 주님께서 아시나이다 예수께서 이르시

되 내 양을 먹이라.
_요한복음 21장 13-17절

⁸ 만일 우리가 죄가 없다고 말하면 스스로 속이고 또 진리가 우리 속에 있지 아니할 것이요 ⁹ 만일 우리가 우리 죄를 자백하면 그는 미쁘시고 의로우사 우리 죄를 사하시며 우리를 모든 불의에서 깨끗하게 하실 것이요.
_요한일서 1장 8-9절

다섯 번째 순례처

유죄 판결

빌라도에게 재판 받으신
예수님을 만나다

마태복음 27장 15-24절

---

15 명절이 되면 총독이 무리의 청원대로 죄수 한 사람을 놓아 주는 전례가 있더니 16 그때에 바라바라 하는 유명한 죄수가 있는데 17 그들이 모였을 때에 빌라도가 물어 이르되 너희는 내가 누구를 너희에게 놓아 주기를 원하느냐 바라바냐 그리스도라 하는 예수냐 하니 18 이는 그가 그들의 시기로 예수를 넘겨 준 줄 앎이더라 19 총독이 재판석에 앉았을 때에 그의 아내가 사람을 보내어 이르되 저 옳은 사람에게 아무 상관도 하지 마옵소서 오늘 꿈에 내가 그 사람으로 인하여 애를 많이 태웠나이다 하더라 20 대제사장들과 장로들이 무리를 권하여 바라바를 달라 하게 하고 예수를 죽이자 하게 하였더니 21 총독이 대답하여 이르되 둘 중의 누구를 너희에게 놓아 주기를 원하느냐 이르되 바라바로소이다 22 빌라도가 이르되 그러면 그리스도라 하는 예수를 내가 어떻게 하랴 그들이 다 이르되 십자가에 못 박혀야 하겠나이다 23 빌라도가 이르되 어찜이냐 무슨 악한 일을 하였느냐 그들이 더욱 소리 질러 이르되 십자가에 못 박혀야 하겠나이다 하는지라 24 빌라도가 아무 성과도 없이 도리어 민란이 나려는 것을 보고 물을 가져다가 무리 앞에서 손을 씻으며 이르되 이 사람의 피에 대하여 나는 무죄하니 너희가 당하라.

13일

악한 행동의 책임을
회피하고 있는가

예수님을 사형시키기 위해서는 유대에 주재하는 로마의 총독으로서 그 지역의 최고위 관리인 빌라도의 허락이 필요했다. 그래서 산헤드린 공회에서 유죄 판결을 받은 예수님을 빌라도 앞으로 끌고 갔다. 하지만 빌라도는 유대 종교에 관여할 마음이 털끝만큼도 없었다. 로마인이자 정치인으로서 빌라도는 그저 자신이 관할하는 지역의 안정을 원할 뿐이었다.

빌라도에게는 예수님을 미워할 하등의 이유가 없었다. 그는 예수님의 가르침이나 주장을 별로 위험하게 여기지 않았다. 하지만 그는 결국 예수님을 채찍질하고 십자가에 못 박으라는 명령을 내리고 말았다.

예수님은 그전과 또 그후에 있었던 수많은 양심수들처럼 정치의 희생양이 되셨고, 빌라도는 여느 정치인들과 마찬가지로 자신이 내린 결정에 책임을 지고 싶지 않았다. 그래서 그는 손을 씻는 상징적인 행위를 통해 자신은 예수님의 무고한 죽음에 책임이 없다는 점을 대중에게 어필했다. 그는 두 마리 토끼를 한꺼번에 노렸다. 다시 말해, 예수님을 죽임으로써 성난 민심을 달래는 동시에 자신의 손에 무고한 피를 묻히고 싶지 않았다.

빌라도처럼 우리는 죄의 결과로 얻은 부정한 유익을 누리면서 그 악한 행동에 대한 책임은 모면하기를 원할 때가 얼마나 많은가. 우리는 이기적이거나 악한 결정을 내린 데 대한 죄책감을 충분히 씻어 낼 수 있다고 생각한다. 우리는 빌라도처럼 얄팍한 부인으로 양심의 가책을 벗으려고 한다. 그런가 하면 좋은 행동을 해서 죄를 상쇄하려고 한다.

하지만 아무리 발버둥을 쳐도 우리 힘으로는 절대 얼룩을 지울 수 없다. 빌라도처럼 예수님을 죽인 죄의 피가 우리 손에 묻어 있고, 우리는 절대 그것을 지울 수 없다. 진정한 깨끗함은 오직 하나님에게서만 올 수 있다.

하나님께 마음을 향하다

"오, 주 하나님!
주님이 보내시는 것을 감당할 힘을 주시고
두려움에 지배당하지 않게 해 주십시오. ……
살든지 죽든지 제가 주님과 함께 있고,
주님이 저와 함께 계시는 것을 믿습니다. 아멘."

_디트리히 본회퍼, 1906-1945

하나님 뜻을 마음에 채우다
---

¹⁵ 너희가 손을 펼 때에 내가 내 눈을 너희에게서 가리고 너희가 많이 기도할지라도 내가 듣지 아니하리니 이는 너희의 손에 피가 가득함이라 ¹⁶ 너희는 스스로 씻으며 스스로 깨끗하게 하여 내 목전에서 너희 악한 행실을 버리며 행악을 그치고 ¹⁷ 선행을 배우며 정의를 구하며 학대받는 자를 도와 주며 고아를 위하여 신원하며 과부를 위하여 변호하라 하셨느니라 ¹⁸ 여호와께서 말씀하시되 오라 우리가 서로 변론하자 너희의 죄가 주홍 같을지라도 눈과 같이 희어질 것이요 진홍같이 붉을지라도 양털 같이 희게 되리라.
_이사야 1장 15-18절

모든 사람이 죄를 범하였으매 하나님의 영광에 이르지 못하더니.
_로마서 3장 23절

14일

예수님이
내 어떤 기대를 깨뜨리셨는가

빌라도는 대중에게 인기 있는 정치인답게 예수님을 처분하는 일을 군중에게 넘겼다. "메시아라고 불리는 예수를 어떻게 해 주기를 원하느냐?" 빌라도가 묻자 온 무리가 고함을 질렀다. "십자가에 못 박아라!"

불과 한 주 전, 예수님이 대중의 열렬한 환호를

받으면서 예루살렘에 입성하던 상황과는 백팔십도로 달라졌다. 사람들은 선지자 예수님이 기적을 행하고 자신들을 로마의 압제에서 구해 내기 위해 예루살렘에 온 줄로만 알았다. 그들은 정치적 해방자요, 군사적 메시아를 기대했다.

하지만 예수님은 그들의 기대를 채워 주지 못하셨다. 기대가 깨진 사람들은 환멸과 실망감에 가득 찼다. "호산나! 찬송하리로다! 주의 이름으로 오시는 이여!"라는 외침이 며칠 만에 "십자가에 못 박아라!"라는 외침으로 변했다.

예수님이 십자가에 달리셨을 때 사람들은 또다시 자신들만의 기대로 그분을 괴롭혔다. "당신이 정말로 메시아라면 증명해 봐라! 당장 거기서 내려와 봐라! 스스로를 구해 봐라!" 하지만 예수님은 다시 한 번 그들의 기대를 깨뜨리셨다.

그 옛날 예루살렘의 군중처럼 지금도 하나님이 자신의 기대에 부응하고 자신의 소원을 들어주기 위해 존재한다고 착각하는 무리가 얼마나 많은가. 그러다가 그 기대가 충족되지 않으면 하나님이 사기꾼이요, 거짓말쟁이라고 제멋대로 결론 내린다.

하지만 예수님은 우리를 너무 사랑하셔서 우리의 기대에 맞춰 주시지 않는 것이다. 그 옛날 예루살렘에서도 사람들을 너무도 사랑하셨기 때문에 십자가에서 스스로를 구원하시지 않았던 것이다.

우리를 진정으로 사랑하시기에 예수님은 우리의 분노와 실망, 거부를 감내하는 한이 있더라도 우리가 원하는 구주가 되실 수 없다. 우리를 진정으로 사랑하시기에 그분은 우리가 원하는 구주가 아니라 우리에게 필요한 구주가 되실 수밖에 없다.

하나님께 마음을 향하다

"오, 주 하나님!
주님이 보내시는 것을 감당할 힘을 주시고
두려움에 지배당하지 않게 해 주십시오. ……
살든지 죽든지 제가 주님과 함께 있고,
주님이 저와 함께 계시는 것을 믿습니다. 아멘."

_디트리히 본회퍼, 1906-1945

하나님 뜻을 마음에 채우다

¹⁸ 무리가 일제히 소리 질러 이르되 이 사람을 없이하고 바라바를 우리에게 놓아 주소서 하니 ¹⁹ 이 바라바는 성중에서 일어난 민란과 살인으로 말미암아 옥에 갇힌 자라 ²⁰ 빌라도는 예수를 놓고자 하여 다시 그들에게 말하되 ²¹ 그들은 소리 질러 이르되 그를 십자가에 못 박게 하소서 십자가에 못 박게 하소서 하는지라 ²² 빌라도가 세 번째 말하되 이 사람이 무슨 악한 일을 하였느냐 나는 그에게서 죽일 죄를 찾지 못하였나니 때려서 놓으리라 하니 ²³ 그들이 큰 소리로 재촉하여 십자가에 못 박기를 구하니 그들의 소리가 이긴지라 ²⁴ 이에 빌라도가 그들이 구하는 대로 하기를 언도하고 ²⁵ 그들이 요구하는 자 곧 민란과 살인으로 말미암아 옥에 갇힌 자를 놓아주고 예수는 넘겨주어 그들의 뜻대로 하게 하니라.
_누가복음 23장 18-25절

¹⁸ 십자가의 도가 멸망하는 자들에게는 미련한 것이요 구원을 받는 우리에게는 하나님의 능력이라 ¹⁹ 기록된 바 내가 지혜 있는 자들의 지혜를 멸하고 총명한 자들의 총명을 폐하리라 하였으니 ²⁰ 지혜 있는 자가 어디 있느냐 선비가 어디 있느냐 이 세대에 변론가가 어디 있느냐 하나님께서 이 세상의 지혜를 미련하게 하신 것이 아니냐 ²¹ 하나님의 지혜에 있어서는 이 세상이 자기 지혜로 하나님을 알지 못하므로 하나님께서 전도의 미련한 것으로 믿는 자들을 구원하시기를 기뻐하셨도다 ²² 유대인은 표

적을 구하고 헬라인은 지혜를 찾으나 [23] 우리는 십자가에 못 박힌 그리스도를 전하니 유대인에게는 거리끼는 것이요 이방인에게는 미련한 것이로되 [24] 오직 부르심을 받은 자들에게는 유대인이나 헬라인이나 그리스도는 하나님의 능력이요 하나님의 지혜니라 [25] 하나님의 어리석음이 사람보다 지혜롭고 하나님의 약하심이 사람보다 강하니라.

_고린도전서 1장 18-25절

15일

하나님 일을
세상 방식으로 하고 있는가

예수님을 처형하기 위해서는 로마의 허락이 필요했다. 그래서 유대 지도자들은 예수님을 로마 총독 빌라도 앞으로 끌고 갔다. 그들은 하나님과 자신을 동급으로 여긴 신성모독 죄로 예수님을 고소했지만 그것은 어디까지나 유대법의 문제일 뿐이어서 빌라도는 전혀 상관하고 싶지 않았다. 그러자 유대

지도자들은 방향을 바꾸어, 예수님이 로마 황제가 아니라 자기가 왕이라고 주장하므로 로마 정부에 위협이 된다고 주장했다.

이런 모함에 예수님은 이렇게 말씀하셨다. "내 나라는 이 세상에 속한 것이 아니니라 만일 내 나라가 이 세상에 속한 것이었더라면 내 종들이 싸워 나로 유대인들에게 넘겨지지 않게 하였으리라 이제 내 나라는 여기에 속한 것이 아니니라"(요 18:31).

예수님은 그분의 나라와 거기에 속한 자들이 세상의 권력자들처럼 굴지 않는다는 점을 몸소 보여 주셨다. 그리스도인은 강압이나 폭력, 탐욕, 두려움을 사용하지 않는다. 자신의 안전이나 권력을 추구하지 않는다.

그런데 그리스도와 그분의 나라에 속한 사람들 중에도 이 세상 나라들에 매료된 자들이 얼마나 많은지 모른다. 우리는 세상의 가치와 전략을 아무런 비판 없이 받아들이고 있다. 그레고리 보이드는 기독교의 이런 오류를 날카롭게 지적했다. "우리는 세상을 변화시켜야 한다. 이것이 우리의 소명이다. 하지만 그것을 하나님 나라의 시각에서 하는 것과 세상의 시각에서 하는 것은 전혀 다르다."

그리스도의 일을 그리스도의 길에서 분리시키려는 시도는 인류 역사 내내 막대한 해악을 끼쳤다. 지금도 이 세상의 나라와 그리스도의 나라 사이의 차이를 보지 못하는 사람들이 여전히 그런 시도를 하고 있다.

하나님께 마음을 향하다

"오, 주 하나님!
주님이 보내시는 것을 감당할 힘을 주시고
두려움에 지배당하지 않게 해 주십시오. ……
살든지 죽든지 제가 주님과 함께 있고,
주님이 저와 함께 계시는 것을 믿습니다. 아멘."

_디트리히 본회퍼, 1906-1945

― 하나님 뜻을 마음에 채우다 ―

³³ 이에 빌라도가 다시 관정에 들어가 예수를 불러 이르되 네가 유대인의 왕이냐 ³⁴ 예수께서 대답하시되 이는 네가 스스로 하는 말이냐 다른 사람들이 나에 대하여 네게 한 말이냐 ³⁵ 빌라도가 대답하되 내가 유대인이냐 네 나라 사람과 대제사장들이 너를 내게 넘겼으니 네가 무엇을 하였느냐 ³⁶ 예수께서 대답하시되 내 나라는 이 세상에 속한 것이 아니니라 만일 내 나라가 이 세상에 속한 것이었더라면 내 종들이 싸워 나로 유대인들에게 넘겨지지 않게 하였으리라 이제 내 나라는 여기에 속한 것이 아니니라 ³⁷ 빌라도가 이르되 그러면 네가 왕이 아니냐 예수께서 대답하시되 네 말과 같이 내가 왕이니라 내가 이를 위하여 태어났으며 이를 위하여 세상에 왔나니 곧 진리에 대하여 증언하려 함이로라 무릇 진리에 속한 자는 내 음성을 듣느니라 하신대 ³⁸ 빌라도가 이르되 진리가 무엇이냐 하더라 이 말을 하고 다시 유대인들에게 나가서 이르되 나는 그에게서 아무 죄도 찾지 못하였노라.

_요한복음 18장 33-38절

¹ 그러므로 우리가 이 직분을 받아 긍휼하심을 입은 대로 낙심하지 아니하고 ² 이에 숨은 부끄러움의 일을 버리고 속임으로 행하지 아니하며 하나님의 말씀을 혼잡하게 하지 아니하고 오직 진리를 나타냄으로 하나님 앞에서 각 사람의 양심에 대하여 스스로 추천하노라.
_고린도후서 4장 1-2절

여섯 번째 순례처

굴욕

채찍질 당하고

가시관을 쓰신

예수님을 만나다

마가복음 14장 18-20절
―――――――――――――

18 다 앉아 먹을 때에 예수께서 이르시되 내가 진실로 너희에게 이르노니 너희 중의 한 사람 곧 나와 함께 먹는 자가 나를 팔리라 하신대 19 그들이 근심하며 하나씩 하나씩 나는 아니지요 하고 말하기 시작하니 20 그들에게 이르시되 열둘 중의 하나 곧 나와 함께 그릇에 손을 넣는 자니라.

16일

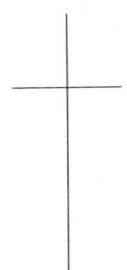

굴욕을 당한 주님도
받아들일 수 있겠는가

예수님이 태어나셨을 때 천사들이 찬양을 하고 고귀한 자들이 왕에게 어울리는 선물을 들고 찾아와 무릎을 꿇었다. 그렇게 예수님은 진심 어린 예배를 받으셨다.

이 땅에서 그분의 삶이 끝날 무렵에도 비슷한 광경이 펼쳐졌다. 사람들이 또다시 그분 앞에 무릎을 꿇고 왕에게 어울리는 선물을 바쳤다. 모두가 한목소리로 그분을 찬양하고 그분을 "왕!"이라 불렀다. 하지만 이번 예배에는 전혀 진심이 담겨 있지 않았다.

로마 병사들은 힘을 숭상했기 때문에 예수님의 얼굴에 침을 뱉으며 약해 보이는 모습을 조롱했다. 예수님은 화려한 왕궁에서 천하를 호령하며 뭇사람들의 숭배를 받는 로마 황제와 비교되어 놀림을 당하는 어릿광대였다. 로마 병사들에게 예수님은 대단한 점이라고는 단 하나도 없는 하찮은 인물이었다. 그래서 그들은 그분을 왕처럼 입히고 그 앞에서 신하처럼 굴면서 비아냥거렸다. 그렇게 그분은 잔인한 서커스의 광대로 전락했다.

이 시대는 주로 강하고 아름다운 사람들을 숭배한다. 그래서 우리는 예수님을 이 땅의 왕이나 부활 후의 영광스러운 모습으로만 상상하는 경향이 있다. 하지만 굴욕을 당하고 무너진 약한 예수님께 경배할 수 있겠는가? 침과 피로 범벅이 되고 가시관을 쓴 채로 세상의 조롱과 경멸을 당하는 예수님께 충성을 맹세할 수 있겠는가? 위엄 있는 예수님만 받아들이고 조롱받는 예수님은 거부하는 건 말이 안 된다. 두 분은 한 분이기 때문이다.

사도 요한은 천국의 환상을 통해 이 점을 깨달았다. 환상 속에서 천국의 장로 가운데 한 명이 요한에게 이렇게 말했다. "유대 지파의 사자 다윗의 뿌리가 이겼으니"(계 5:5). 그런데 요한이 그 말을 듣고 이 승리의 왕께 고개를 돌렸을 때 그의 눈에는 철저하게 약함을 상징하는 대상이 눈에 들어왔다. "한 어린 양이 서 있는데 일찍이 죽임을 당한 것 같더라"(6절).

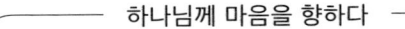

 하나님께 마음을 향하다

"성부와 성자, 성령 하나님의 영광스러운 이름은
모든 입의 찬송, 모든 혀의 고백, 모든 피조물의 예배를
받아 마땅하십니다. 아멘."

_5세기 기도문

하나님 뜻을 마음에 채우다

⁵ 장로 중의 한 사람이 내게 말하되 울지 말라 유대 지파의 사자 다윗의 뿌리가 이겼으니 그 두루마리와 그 일곱 인을 떼시리라 하더라 ⁶ 내가 또 보니 보좌와 네 생물과 장로들 사이에 한 어린 양이 서 있는데 일찍이 죽임을 당한 것 같더라 그에게 일곱 뿔과 일곱 눈이 있으니 이 눈들은 온 땅에 보내심을 받은 하나님의 일곱 영이더라.
_요한계시록 5장 5-6절

⁸ 이것이 내게서 떠나가게 하기 위하여 내가 세 번 주께 간구하였더니 ⁹ 나에게 이르시기를 내 은혜가 네게 족하도다 이는 내 능력이 약한 데서 온전하여짐이라 하신지라 그러므로 도리어 크게 기뻐함으로 나의 여러 약한 것들에 대하여 자랑하리니 이는 그리스도의 능력이 내게 머물게 하려 함이라 ¹⁰ 그러므로 내가 그리스도를 위하여 약한 것들과 능욕과 궁핍과 박해와 곤고를 기뻐하노니 이는 내가 약한 그때에 강함이라.
_고린도후서 12장 8-10절

17일

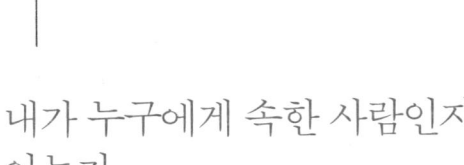

내가 누구에게 속한 사람인지 아는가

남북전쟁이 벌어지기 전 메릴랜드주에는 '기도하는 제이콥'으로 유명한 노예가 살았다. 그는 밭에서 일을 하다가도 틈틈이 일을 멈추고 기도했다. 화가 난 손더스라는 잔인한 주인은 기도하던 제이콥에게 다가가더니 머리에 총을 겨누고는 당장 기도를 멈추고 일하러 가라고 윽박질렀다.

하지만 제이콥은 차분히 기도를 마치고 나서 주인에게 방아쇠를 당길 테면 당기라고 말했다. "그래 봐야 저는 이익이고 주인님만 손해입니다. 제게는 영혼과 몸이 있습니다. 이 육신은 주인님의 것이지만 제 영혼은 예수님의 것입니다." 조금도 겁내지 않는 모습에 기가 질린 주인은 그 뒤로 다시는 제이콥을 건드리지 않았다.

'기도하는 제이콥'의 침착함에서 로마 병사들의 고문과 모욕을 조용히 감내하신 예수님이 생각난다. 예수님도 자신이 진정으로 누구에게 속했는지를 정확히 아셨기에 그런 잔학무도한 악을 견뎌 내실 수 있었다. 병사들이 아무리 조롱해도 예수님은 자신의 진정한 정체성을 분명히 알고 계셨다.

요한복음의 이전 장면을 보면 예수님은 제자들의 발을 씻기는 역할까지 기꺼이 떠맡으셨다. 그것은 "아버지께서 모든 것을 자기 손에 맡기신 것과 또 자기가 하나님께로부터 오셨다가 하나님께로 돌아가실 것을"(요 13:3) 아셨기 때문이다.

헨리 나우웬은 이렇게 말했다. 우리의 진정한 정체성을 선포하시는 하나님의 음성을 들을 줄 알면 "그 어떤 성공을 거두어도, 그 어떤 실패를 겪어도 자신의 정체성을 잃지 않는다. 우리의 정체성이 사랑받는 자이기 때문이다. …… 우리가 누군가에게 거부를 당하거나 누군가에게 칭찬을 받기 훨씬 전부터 '내가 영원한 사랑으로 너를 사랑한다'라고 말하는 목소리가 늘 존재해 왔다. 이 사랑은 우리가 태어나기 전부터 있었고 우리가 죽은 뒤에도 계속해서 있을 것이다."

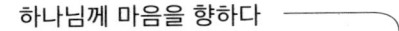

하나님께 마음을 향하다

"성부와 성자, 성령 하나님의 영광스러운 이름은
모든 입의 찬송, 모든 혀의 고백, 모든 피조물의 예배를
받아 마땅하십니다. 아멘."

_5세기 기도문

하나님 뜻을 마음에 채우다

¹ 유월절 전에 예수께서 자기가 세상을 떠나 아버지께로 돌아가실 때가 이른 줄 아시고 세상에 있는 자기 사람들을 사랑하시되 끝까지 사랑하시니라 ² 마귀가 벌써 시몬의 아들 가룟 유다의 마음에 예수를 팔려는 생각을 넣었더라 ³ 저녁 먹는 중 예수는 아버지께서 모든 것을 자기 손에 맡기신 것과 또 자기가 하나님께로부터 오셨다가 하나님께로 돌아가실 것을 아시고 ⁴ 저녁 잡수시던 자리에서 일어나 겉옷을 벗고 수건을 가져다가 허리에 두르시고 ⁵ 이에 대야에 물을 떠서 제자들의 발을 씻으시고 그 두르신 수건으로 닦기를 시작하여 ⁶ 시몬 베드로에게 이르시니 베드로가 이르되 주여 주께서 내 발을 씻으시나이까.

_요한복음 13장 1-6절

¹ 보라 아버지께서 어떠한 사랑을 우리에게 베푸사 하나님의 자녀라 일컬음을 받게 하셨는가, 우리가 그러하도다 그러므로 세상이 우리를 알지 못함은 그를 알지 못함이라 ² 사랑하는 자들아 우리가 지금은 하나님의 자녀라 장래에 어떻게 될지는 아직 나타나지 아니하였으나 그가 나타나시면 우리가 그와 같을 줄을 아는 것은 그의 참모습 그대로 볼 것이기 때문이니.

_요한일서 3장 1-2절

18일

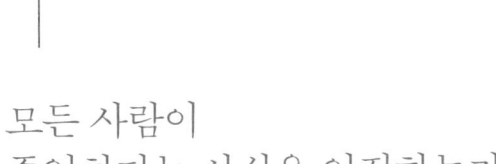

모든 사람이
존엄하다는 사실을 인정하는가

예수님을 따르는 '십자가의 길' 여섯 번째 순례처는 전환점이다. 처음 다섯 개의 처는 예수님의 고난에서 보이지 않는 측면들, 곧 영적 측면과 심리적 측면을 상징한다. 지금까지 예수님은 배신과 버림, 권력과 체제 때문에 불의를 겪으셨다. 그런데 이제 그분의 고통은 철저히 육체적인 차원으로 접어든다. 로마 병사들이 쇠 가시가 박힌 채찍 서른아홉 번 휘두르는 동안 영혼에 난 상처가 몸의 상처로 고스란히 드러났다.

우리 주님이 당하신 고문을 생각할수록, 우리 안에 권력 남용에 희생당한 사람들을 향한 긍휼함이 깨어나야 한다. 2014년 미국 오픈도어 선교회(Open Doors USA)의 조사에 따르면 전 세계적으로 약 1억 명의 그리스도인들이 신앙으로 인해 고문과 죽음의 위협을 당하고 있다. 역사상 그 어느 때보다도 참혹한 시기다. 중동에서 고문과 살해, 심지어 십자가 처형을 당한 그리스도인들의 끔찍한 사진을 본 적이 있는가? 2천 년 전, 예수님이 겪으셨던 일이 지금도 버젓이 벌어지고 있다.

고난당하신 그리스도를 따르는 자들로서 우리는 믿는 자든 믿지 않는 자든, 무고한 자든 범죄자든 상관없이 잔인하게 학대당하는 모든 사람을 위해 일어서야 한다.

데이비드 구쉬는 이런 글을 남겼다. "인간 육체의 모든 부분과 인간 영혼의 모든 면은 하나님에게서 온 것이며 그분이 손수 빚으신 작품이다. 우리는 하나님의 형상을 따라 지음을 받았다. 인간의 존엄과 가치는 창조주께서 모든 사람에게 영구적으로 주신 것이다. 따라서 이 존엄과 가치는 어떤 경우도 사라지지 않는다."

고문과 학대에 시달리는 모든 이들을 위해 중보 기도하라. 그들의 고통을 아시는 예수 그리스도께서 고통 가운데서 그들을 만나 주시기를 위해 구하라. 이런 악을 자행하는 권력자들에 맞서는 용감한 예수 그리스도의 제자들을 위해 기도하라.

하나님께 마음을 향하다

"성부와 성자, 성령 하나님의 영광스러운 이름은 모든 입의 찬송, 모든 혀의 고백, 모든 피조물의 예배를 받아 마땅하십니다. 아멘."

_5세기 기도문

> ─── 하나님 뜻을 마음에 채우다 ───

²⁶ 하나님이 이르시되 우리의 형상을 따라 우리의 모양대로 우리가 사람을 만들고 그들로 바다의 물고기와 하늘의 새와 가축과 온 땅과 땅에 기는 모든 것을 다스리게 하자 하시고 ²⁷ 하나님이 자기 형상 곧 하나님의 형상대로 사람을 창조하시되 남자와 여자를 창조하시고 ²⁸ 하나님이 그들에게 복을 주시며 하나님이 그들에게 이르시되 생육하고 번성하여 땅에 충만하라, 땅을 정복하라, 바다의 물고기와 하늘의 새와 땅에 움직이는 모든 생물을 다스리라 하시니라.

_창세기 1장 26-28절

²¹ 너는 이방 나그네를 압제하지 말며 그들을 학대하지 말라 너희도 애굽 땅에서 나그네였음이라 ²² 너는 과부나 고아를 해롭게 하지 말라 ²³ 네가 만일 그들을 해롭게 하므로 그들이 내게 부르짖으면 내가 반드시 그 부르짖음을 들으리라.

_출애굽기 22장 21-23절

일곱 번째 순례처

자기
부인

십자가를 지신
예수님을 만나다

요한복음 19장 16-17절
---

16 이에 예수를 십자가에 못 박도록 그들에게 넘겨주니라 17 그들이 예수를 맡으매 예수께서 자기의 십자가를 지시고 해골(히브리 말로 골고다)이라 하는 곳에 나가시니.

19일

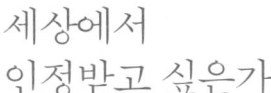

세상에서
인정받고 싶은가

사람을 십자가에 매다는 것보다 훨씬 더 쉬운 처형 방법이 얼마든지 있다. 로마인들이 십자가 처형을 주로 택한 것은 확실한 본보기로 삼으려는 의도에서였다. 제국의 잔인성을 널리 보여 주는 것은 제국에 도전하려는 모든 자들에게 주는 강력한 경고였다.

그런데 이 잔혹극은 죄인을 십자가에 못 박기

훨씬 전부터 시작되었다. 첫째, 죄인은 처형 도구를 짊어지고 군중의 모욕과 조롱을 견디며 거리를 통과해야 했다. 예루살렘에서 십자가 처형보다 더한 굴욕은 없었다. 왜냐하면 구약 성경을 근거로 유대인들은 나무에 매달리면 하나님께 저주를 받아 완전히 버림받은 것으로 여겼기 때문이다(신 21:23 참조). 그래서 예루살렘에서는 십자가에 못 박히면 로마만이 아니라 하나님께 벌을 받는 것으로 여겼다. 유대인들의 정서에서는 천하에 이보다 더 비참한 상황은 없었다.

유대 군중이 보기에 십자가를 지고 거리를 통과하는 예수님은, 로마인들에게 핍박을 당하는 하나님의 선지자가 아니었다. 그들에게 예수님은 하나님께 저주를 받은 무가치한 인간이었다. 조금의 자비나 긍휼도 베풀 필요가 없는 존재였다. 십자가를 짐으로써 그분을 향해 남아 있던 약간의 호의나 애정조차 깡그리 사라졌다. 십자가를 지는 것은 단순히 육체적 시련이 아니라 사회적 고통이었다.

우리가 십자가를 진다는 것은 단순히 예수님의 구속적인 희생에 기꺼이 동참하는 것만을 의미하지 않는다. 그것은 사회적인 치욕까지도 감수하겠다는 뜻이다. 기꺼이 인기를 잃고, 거부당하고, 심지어 경멸을 당한다는 뜻이다. '어떻게 하면 사람들에게 존경과 찬사를 받을까'만 생각하는 사람은 아직 그리스도의 십자가를 받아들이지 못한 사람이다.

하나님께 마음을 향하다

"주님의 십자가를 사랑함으로
어떤 십자가 아래서도 기뻐하게 해 주십시오.
주님이 기뻐하시지 않는 것 혹은
제 안에 있는 주님의 사랑을 방해하는 것은
모두 제게서 거두어 주십시오."

_에드워드 부버리 퓨지, 1800-1882

⸺ 하나님 뜻을 마음에 채우다 ⸺

¹³ 그리스도께서 우리를 위하여 저주를 받은 바 되사 율법의 저주에서 우리를 속량하셨으니 기록된 바 나무에 달린 자마다 저주 아래에 있는 자라 하였음이라 ¹⁴ 이는 그리스도 예수 안에서 아브라함의 복이 이방인에게 미치게 하고 또 우리로 하여금 믿음으로 말미암아 성령의 약속을 받게 하려 함이라.
_갈라디아서 3장 13-14절

²⁷ 그들을 끌어다가 공회 앞에 세우니 대제사장이 물어 ²⁸ 이르되 우리가 이 이름으로 사람을 가르치지 말라고 엄금하였으되 너희가 너희 가르침을 예루살렘에 가득하게 하니 이 사람의 피를 우리에게로 돌리고자 함이로다 ²⁹ 베드로와 사도들이 대답하여 이르되 사람보다 하나님께 순종하는 것이 마땅하니라 ³⁰ 너희가 나무에 달아 죽인 예수를 우리 조상의 하나님이 살리시고 ³¹ 이스라엘에게 회개함과 죄 사함을 주시려고 그를 오른손으로 높이사 임금과 구주로 삼으셨느니라 ³² 우리는 이 일에 증인이요 하나님이 자기에게 순종하는 사람들에게 주신 성령도 그러하니라 하더라.
_사도행전 5장 27-32절

20일

붙들던 것을 다 붙든 채로도
갈 수 있는 길인가

십자가는 예수님의 운명일 뿐 아니라 우리가 감당해야 할 운명이기도 하다. 예수님은 그분의 제자가 되려면 자신을 부인하고 자신의 십자가를 지고 그분을 따르라고 말씀하셨다(눅 9:23 참조). 당시 눈앞에서 이 말씀을 들었던 사람들은 그 의미를 즉시 이해했다.

당시 로마 제국에는 십자가 처형이 매우 흔했다. 그래서 중죄인들이 자기 십자가를 지고 가는 모습을 저잣거리에서 쉽게 볼 수 있었다. 예수님은 십자가 처형이라는 더없이 생생한 광경을 통해 사람들을 자기 부인의 삶으로 부르고 계셨다. 물론 예수님은 로마인들에게 억지로 죽임을 당하는 것을 말씀하신 것이 아니다. 예수님은 청중에게 자진해서 십자가의 길을 선택할 것을 촉구하셨다.

이 말씀은 얼핏 예수님이 그전까지 펼치신 가르침들과 모순되어 보인다. 분명 예수님은 풍성하고도 영원한 삶을 주기 위해 이 땅에 오셨다고 말씀하셨다. 예수님은 생명수의 샘물처럼 우리 안에서 끝없는 삶이 용솟음칠 것이라고 말씀하셨다. 그런데 이제 와서 그런 삶으로 가는 길이 십자가와 자기 부인, 죽음이라고 말씀하신다. 마치 위가 아래고 낮이 밤이라는 말처럼 앞뒤가 맞지 않는 듯 들린다. 자기 십자가를 지라는 이 부름이 너무도 황당하게만 들린다.

세상은 자신의 꿈과 소망만 좇으며 자기에게만 몰두하는 길이야말로 풍성한 삶으로 가는 길이라고 설득한다. 이런 식으로 보면 예수님의 말씀은 도무지 이해할 수가 없다. 척 콜슨은 하나님의 나라가 세상과 전혀 다른 방식으로 움직인다는 점을 지적했다. "하나님의 나라는 십자가라는 흉한 모양의 패배를 통해 거룩하신 하나님이 큰 영광을 받으시는 역설의 나라다. 그곳은 승리가 패배를 통해, 치유가 망가짐을 통해 찾아오며, 자신을 잃을 때 자신을 찾는 곳이다."

세속적인 시각에서 꿈과 소망, 비전을 추구하는 사람들에게 십자가의 길은 어리석은 길일 뿐이다. 십자가를 통해서는 세상적인 성공을 얻을 수 없다. 하지만 예수님이 곧 생명이시라는 사실을 깨닫고 나면 그분께로 가기 위한 길인 십자가를 기꺼이 받아들일 수 있다.

하나님께 마음을 향하다

"주님의 십자가를 사랑함으로
어떤 십자가 아래서도 기쁘하게 해 주십시오.

주님이 기뻐하시지 않는 것 혹은

제 안에 있는 주님의 사랑을 방해하는 것은

모두 제게서 거두어 주십시오."

_에드워드 부버리 퓨지, 1800-1882

───── 하나님 뜻을 마음에 채우다 ─────

또 무리에게 이르시되 아무든지 나를 따라오려거든 자기를 부인하고 날마다 제 십자가를 지고 나를 따를 것이니라.
_누가복음 9장 23절

¹ 그러므로 형제들아 내가 하나님의 모든 자비하심으로 너희를 권하노니 너희 몸을 하나님이 기뻐하시는 거룩한 산 제물로 드리라 이는 너희가 드릴 영적 예배니라 ² 너희는 이 세대를 본받지 말고 오직 마음을 새롭게 함으로 변화를 받아 하나님의 선하시고 기뻐하시고 온전하신 뜻이 무엇인지 분별하도록 하라.
_로마서 12장 1-2절

21일

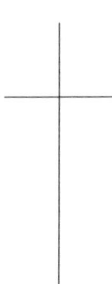

누구를
따라가고 싶은가

예수님은 그분의 제자가 되려면 각자 자기 십자가를 지고 그분을 따라야 한다고 말씀하셨다. 사도 베드로도 편지에서 비슷한 말을 했다. "그리스도도 너희를 위하여 고난을 받으사 너희에게 본을 끼쳐 그 자취를 따라오게 하려 하셨느니라"(벧전 2:21). 하지만 십자가의 길은 지독한 수치와 고난, 굴욕을 감내

해야 하는 길이니 과연 누가 주님을 따르려고 할까?

핼 브래디가 들려준 구세군 창립자 윌리엄 부스 이야기다. 보어 전쟁 당시 굶주린 사람들이 한곳에 구름처럼 모여 부족한 음식을 어떻게 나눌지 고민하고 있었다. 고민 끝에 각 교회가 각자의 교인들을 먹이기로 결정했다.

이에 감독교회 목사가 교인들을 향해 외쳤다. "우리 교인들은 저를 따라오세요!" 이번에는 장로교회 목사가 소리를 쳤다. "우리 교인들은 저를 따라오세요!" 나머지 교회 목사들도 차례로 자기 교인들을 데리고 갔다. 그런데 그러고 나서도 여전히 많은 사람이 남아 있었다. 그때 윌리엄 부스가 나서서 큰 소리로 외쳤다. "어느 교회에도 소속되지 않은 분들은 전부 저를 따라오십시오!"

예수님이 이 땅에 사셨던 당시에도 많은 사람들이 다른 유명한 랍비들을 찾아갔고 그들을 따랐다. 그리고 우리 시대에도 여전히 많은 사람이 성공해서 힘과 명예를 거머쥔 사람의 길을 따르려고 한다. 베스트셀러가 제시하는 성공 공식을 따르고 유명 기업가의 성공 원칙에 귀를 기울인다. 이런 세상적인 철학의 허무함을 맛보고 나서 충분히 굶주린 뒤에야 비로소 우리는 예수님의 부르심에 응답할 수 있다. 예수님은 오늘도 따를 다른 무언가가 없는 이들을 부르신다. "아무에게도 속하지 않은 모든 자여, 자기 십자가를 지고 나를 따르라!"

하나님께 마음을 향하다

"주님의 십자가를 사랑함으로
어떤 십자가 아래서도 기뻐하게 해 주십시오.
주님이 기뻐하시지 않는 것 혹은
제 안에 있는 주님의 사랑을 방해하는 것은
모두 제게서 거두어 주십시오."

_에드워드 부버리 퓨지, 1800-1882

하나님 뜻을 마음에 채우다

[18] 십자가의 도가 멸망하는 자들에게는 미련한 것이요 구

원을 받는 우리에게는 하나님의 능력이라 19 기록된 바 내가 지혜 있는 자들의 지혜를 멸하고 총명한 자들의 총명을 폐하리라 하였으니 20 지혜 있는 자가 어디 있느냐 선비가 어디 있느냐 이 세대에 변론가가 어디 있느냐 하나님께서 이 세상의 지혜를 미련하게 하신 것이 아니냐 21 하나님의 지혜에 있어서는 이 세상이 자기 지혜로 하나님을 알지 못하므로 하나님께서 전도의 미련한 것으로 믿는 자들을 구원하시기를 기뻐하셨도다 22 유대인은 표적을 구하고 헬라인은 지혜를 찾으나 23 우리는 십자가에 못 박힌 그리스도를 전하니 유대인에게는 거리끼는 것이요 이방인에게는 미련한 것이로되 24 오직 부르심을 받은 자들에게는 유대인이나 헬라인이나 그리스도는 하나님의 능력이요 하나님의 지혜니라 25 하나님의 어리석음이 사람보다 지혜롭고 하나님의 약하심이 사람보다 강하니라 26 형제들아 너희를 부르심을 보라 육체를 따라 지혜로운 자가 많지 아니하며 능한 자가 많지 아니하며 문벌 좋은 자가 많지 아니하도다 27 그러나 하나님께서 세상의 미련한 것들을 택하사 지혜 있는 자들을 부끄럽게 하려 하시고 세상의 약한 것들을 택하사 강한 것들을 부끄럽게 하려 하시며 28 하나님께서 세상의 천한 것들과 멸시 받는 것들과 없는 것들을 택하사 있는 것들을 폐하려 하시나니 29 이는 아무 육체도 하나님 앞에서 자랑하지 못하게 하려 하심이라.
_고린도전서 1장 18-29절

그때에 예수께서 대답하여 이르시되 천지의 주재이신 아버지여 이것을 지혜롭고 슬기 있는 자들에게는 숨기시고 어린 아이들에게는 나타내심을 감사하나이다.
_마태복음 11장 25절

여덟 번째 순례처

수치

구레네 시몬에게

도움받으신

예수님을 만나다

누가복음 23장 26절
———————

그들이 예수를 끌고 갈 때에 시몬이라는 구레네 사람이 시골에서 오는 것을 붙들어 그에게 십자가를 지워 예수를 따르게 하더라.

22일

허다한 무리 속에서도
외로움을 느끼는가

죄인이 십자가를 메고 지나는 거리의 여느 구경꾼들과 마찬가지로 시몬도 그 일에 관여할 생각이 눈곱만큼도 없었다. 그런데 이유는 알 수 없으나 그가 로마 병사들의 눈에 띄었다. 그가 현재 리비아에 속한 도시 구레네 출신의 북아프리카 사람이었기 때문이라는 주장이 있다. 실제로 검은 피부 탓에 굴욕적인 일에 차출되었을 가능성이 있다. 만약 그랬다면 로마의 잔인성에 인종차별이라는 항목이 하나 더해진 셈이다. 이유야 어쨌든 로마인들은 시몬을 붙잡아 예수님의 십자가를 대신 지라고 명령했다.

모진 채찍질 때문에 예수님의 육체는 도저히 스스로 십자가를 질 수 없을 지경으로 약해졌다. 하지만 병사들이 시몬에게 대신 십자가를 지게 한 것은 예수님을 불쌍히 여겼기 때문이 전혀 아니다. 병사들에게는 예수님을 십자가에 못 박을 의무가 있었다. 그들은 그저 그 임무를 속히 마무리하고 싶었을 뿐이다. 그들은 예수님의 고통을 덜어 주기 위해서가 아니라 단지 일을 빨리 끝낼 요량으로 시몬에게 십자가를 대신 지라고 명령했던 것이다.

시몬은 영웅 칭호를 받기에는 무리가 있다. 마가는 병사들이 시몬에게 "억지로" 일을 시켰다고 말한다. 당시 로마법에 따르면 병사들은 민간인에게 자신의 장비를 1마일까지 대신 나르도록 시킬 수 있었다. 그래서 병사들은 이 규정에 따라 시몬에게 죄인의 십자가를 나르도록 시켰던 것이다. 시몬이 그 명령을 거부했다가는 극심한 형벌을 받을 수 있었다.

상상할 수도 없는 고통과 굴욕, 무리들의 거부 속에서 단 한 사람만이 예수님을 도왔는데, 그 한 사람마저도 연민이 아닌 법적 의무 때문에 억지로 나선 낯선 사람이었을 뿐이다.

제자들은 다 어디로 갔는가? 불과 며칠 전만 해도 예수님의 입성을 열렬히 환호했던 군중은 다 어디로 갔는가? 그분께 치유를 받은 사람들은 다 어디로 갔는가? 모두가 예수님을 버렸다.

시몬은 그분에게서 십자가라는 물리적 짐을 잠시 덜어 드렸으나, 외로움의 짐은 조금도 덜지 못했다.

하나님께 마음을 향하다

"주님, 저를 평화의 도구로 써 주소서.
미움이 있는 곳에
사랑의 씨앗을 뿌리게 해 주소서. 아멘."

_아시시의 프란치스코, 1182-1226

---- 하나님 뜻을 마음에 채우다 ----

⁴⁰ 너를 고발하여 속옷을 가지고자 하는 자에게 겉옷까지도 가지게 하며 ⁴¹ 또 누구든지 너로 억지로 오 리를 가게 하거든 그 사람과 십 리를 동행하고.
_마태복음 5장 40-41절

너희가 짐을 서로 지라 그리하여 그리스도의 법을 성취하라.
_갈라디아서 6장 2절

23일

무엇 때문에
남의 짐을 대신 져 주지 못하는가

로마 병사들은 예수님과 일면식도 없는 시몬이라는 사람을 시켜 그분의 십자가를 대신 지게 했다. 덕분에 시몬도 졸지에 하나님께 저주를 받은 불의한 사람 취급을 당하게 되었다. 유대인들은 나무에 달린 사람은 누구나 하나님께 저주를 받은 것으로 여겼다. 심지어 로마의 십자가를 만지기만 해도 그 사람의 의는 도마 위에 올랐다.

하지만 사실 시몬과 예수님의 상황은 전혀 달랐다. 시몬은 법 때문에 하는 수 없이 십자가를 졌지만 예수님은 그 굴욕을 자진해서 받아들이신 터였다. 아무도 예수님께 십자가를 강요하지 않았다. 예수님은 자발적으로 목숨을 내어놓으셨다.

당신은 시몬과 예수님 중에서 어느 쪽에 더 가까운가? 남들의 짐을 마지못해 받아들이는가? 아니면 스스로 원해서 받아들이는가? 꼭 해야 할 때만 수치를 당한 사람들에게 다가가는가? 아니면 사랑에서 우러나와 솔선하여 그들을 품어 주는가?

하나님은 비천한 사람들과 어울리는 것을 창피하게 여기지 말라고 말씀하신다. 당시 이스라엘에서는 십자가에 달린 죄인과 어울리는 것보다 더 비천한 일은 없었다. 필시 시몬은 쥐구멍에라도 들어가고 싶을 만큼 극심한 수치를 느꼈을 것이다. 하지만 예수님은 스스로 하나님의 영광을 떠나 육신을 입고 종의 형체를 취함으로써 우리의 비천한 상태에 기꺼이 동참하셨다. 심지어 우리가 받아야 할 죽음의 형벌을 달게 받아들임으로써 우리의 죄에 자발적으로 연루되셨다.

    이런 이유 때문에 사도 바울이 우리에게 "짐을 서로 지라"라고 강권한 것이다. 서로의 고통과 시련, 심지어 추악한 죄까지도 기꺼이 함께 나눌 때 우리는 "그리스도의 법을 성취"하게 된다. 바로 그것이 그분이 우리를 위해 해 주신 일이기 때문이다.

하나님께 마음을 향하다

"주님, 저를 평화의 도구로 써 주소서.
미움이 있는 곳에
사랑의 씨앗을 뿌리게 해 주소서. 아멘."

_아시시의 프란치스코, 1182-1226

하나님 뜻을 마음에 채우다

¹ 형제들아 사람이 만일 무슨 범죄한 일이 드러나거든 신령한 너희는 온유한 심령으로 그러한 자를 바로잡고 너 자신을 살펴보아 너도 시험을 받을까 두려워하라 ² 너희가 짐을 서로 지라 그리하여 그리스도의 법을 성취하라.
_갈라디아서 6장 1-2절

⁴ 각각 자기 일을 돌볼뿐더러 또한 각각 다른 사람들의 일을 돌보아 나의 기쁨을 충만하게 하라 ⁵ 너희 안에 이 마음을 품으라 곧 그리스도 예수의 마음이니 ⁶ 그는 근본 하나님의 본체시나 하나님과 동등됨을 취할 것으로 여기지 아니하시고 ⁷ 오히려 자기를 비워 종의 형체를 가지사 사람들과 같이 되셨고 ⁸ 사람의 모양으로 나타나사 자기를 낮추시고 죽기까지 복종하셨으니 곧 십자가에 죽으심이라 ⁹ 이러므로 하나님이 그를 지극히 높여 모든 이름 위에 뛰어난 이름을 주사 ¹⁰ 하늘에 있는 자들과 땅에 있는 자들과 땅 아래에 있는 자들로 모든 무릎을 예수의 이름에 꿇게 하시고 ¹¹ 모든 입으로 예수 그리스도를 주라 시인하여 하나님 아버지께 영광을 돌리게 하셨느니라.
_빌립보서 2장 4-11절

24일

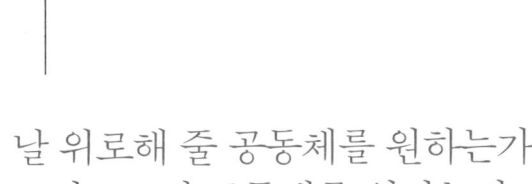

날 위로해 줄 공동체를 원하는가,
그리스도의 공동체를 원하는가

구레네 사람 시몬이 예수님의 십자가를 진 이야기가 성경에 실린 이유를 두고 나중에 그가 그리스도의 제자가 되었기 때문이라는 주장이 있다. 마가복음에서 시몬을 "알렉산더와 루포의 아버지"(막 15:21)로 소개하는 것으로 보아 충분히 일리가 있는 주장이다. 시몬과 그의 가족들은 마가복음의 독자들인

초대 교인들이 잘 아는 사람들이었던 것이 분명하다(롬 16:13 참조). 어쩌면 마가는 진정한 기독교 공동체의 좋은 사례로써 시몬의 이야기를 자세히 소개한 것인지도 모른다.

한 사람이 다른 사람의 짐을 함께 나누면 둘 다 변화된다. 그리스도의 십자가 아래서 서로의 팔짱을 끼면 그분의 임재를 발견하면서 변화된다. 시몬에게 그런 일이 벌어졌던 것으로 보이며, 지금도 여전히 그런 일이 벌어지고 있다.

우리는 우리가 공동체로서 함께 성공할 때 변화가 일어난다고 생각하는 경향이 있다. 하지만 그렇지 않다. 그리스도의 백성으로서 함께 고난을 당할 때 진정한 변화가 찾아온다. 데이비드 괴츠는 이런 표현을 사용했다. "더 풍성하고 더 깊은 그리스도의 삶으로 들어가는 문은 다른 사람들의 고난을 직접적으로 관통한다. …… 고난과 분리된 영적 형성은 제자리걸음만 할 뿐이다."

이것이 그리스도인의 삶에 공동체가 절대적으로 필요한 이유다. 물론 공동체에서 고통으로 지친 마음을 위로받는다. 더불어 고통 중에 있을지라도 공동체 안에서는 안전을 보장받을 수 있다.

그런데 안타깝게도 많은 이들이 그리스도를 닮아 가도록 성장시켜 줄 곳이 아니라 단지 자신을 잘 위로해 줄 수 있는 곳만을 공동체로 선택한다. 진정한 기독교 공동체는 언제나 그렇듯 무거운 십자가 기둥 아래서만 만날 수 있다. 강한 사람들과 약한 사람들이 함께 서로의 팔짱을 끼고 어우러진 그곳에서 바로 그리스도를 만날 수 있다.

하나님께 마음을 향하다

"주님, 저를 평화의 도구로 써 주소서.
미움이 있는 곳에
사랑의 씨앗을 뿌리게 해 주소서. 아멘."

_아시시의 프란치스코, 1182-1226

하나님 뜻을 마음에 채우다

15 즐거워하는 자들과 함께 즐거워하고 우는 자들과 함께 울라 16 서로 마음을 같이하며 높은 데 마음을 두지 말고 도리어 낮은 데 처하며 스스로 지혜 있는 체하지 말라 17 아무에게도 악을 악으로 갚지 말고 모든 사람 앞에서 선한 일을 도모하라 18 할 수 있거든 너희로서는 모든 사람과 더불어 화목하라.
_로마서 12장 15-18절

21 눈이 손더러 내가 너를 쓸 데가 없다 하거나 또한 머리가 발더러 내가 너를 쓸 데가 없다 하지 못하리라 22 그뿐 아니라 더 약하게 보이는 몸의 지체가 도리어 요긴하고 23 우리가 몸의 덜 귀히 여기는 그것들을 더욱 귀한 것들로 입혀 주며 우리의 아름답지 못한 지체는 더욱 아름다운 것을 얻느니라 그런즉 24 우리의 아름다운 지체는 그럴 필요가 없느니라 오직 하나님이 몸을 고르게 하여 부족한 지체에게 귀중함을 더하사 25 몸 가운데서 분쟁이 없고 오직 여러 지체가 서로 같이 돌보게 하셨느니라 26 만일 한 지체가 고통을 받으면 모든 지체가 함께 고통을 받고 한 지체가 영광을 얻으면 모든 지체가 함께 즐거워하느니라.
_고린도전서 12장 21-26절

아홉 번째 순례처

긍휼

예루살렘 여인들을

위로하신

예수님을 만나다

누가복음 23장 27-31절

---

27 또 백성과 및 그를 위하여 가슴을 치며 슬피 우는 여자의 큰 무리가 따라오는지라 28 예수께서 돌이켜 그들을 향하여 이르시되 예루살렘의 딸들아 나를 위하여 울지 말고 너희와 너희 자녀를 위하여 울라 29 보라 날이 이르면 사람이 말하기를 잉태하지 못하는 이와 해산하지 못한 배와 먹이지 못한 젖이 복이 있다 하리라 30 그때에 사람이 산들을 대하여 우리 위에 무너지라 하며 작은 산들을 대하여 우리를 덮으라 하리라 31 푸른 나무에도 이같이 하거든 마른 나무에는 어떻게 되리요 하시니라.

25일

부당한 처우를 당했을 때, 희생자의 권리를 악용하는가

예수님은 십자가를 지고 성을 통과하시던 중 가슴을 치며 통곡하는 여자들의 무리를 지나치셨다. 이 여인들은 예수님의 고난을 애곡하는 중이었다. 무덤으로 가는 여정 가운데 처음으로 예수님은 그분이 체포돼 고문당한 일이 얼마나 불의하고 고통스러운지를 알아주는 무리를 만나셨다. 그런데 예수님의 반응은 전혀 뜻밖이었다. 예수님은 그 여인들에게 고마워하시지 않고 그들의 관심을 예수님의 고통이 아닌 다른 곳으로 돌리셨다.

"예루살렘의 딸들아 나를 위하여 울지 말고 너희와 너희 자녀를 위하여 울라"(눅 23:28). 분명 예수님의 상황은 여인들이 통곡할 만한 상황이었다. 그런데도 예수님은 그들의 눈물을 받아들이지 않으셨다. 예수님은 희생자 취급당하기를 거부하셨다.

예수님은 끔찍한 상황에서도 자신의 고통이 아니라 예루살렘 사람들에게 닥칠 안타까운 운명을 먼저 헤아리셨다. 예수님은 선을 행하다 고난을 당하신 것이지만 예루살렘은 악을 행하다가 고통을 받을 운명에 처해 있었다.

요즘 세상은 정말 희한한 세상이다. 너도 나도 '희생자'를 자처하니 말이다. 많은 사람이 희생자에게 주어지는 특권에만 관심이 있다. 억압당하는 사람들은 대중의 정의감이나 죄책감에 호소하여 자신들의 고통을 상쇄시켜 줄 개인적인 힘, 나아가 정치적인 힘을 받는다. 안타깝게도 이런 혜택을 노리고 남들에게 희생자로 '보이기 위해' 애를 쓰는 사람이 적지 않다. 심지어 그리스도인 가운데도 그런 사람이 많다.

물론 세상에는 분명 불의가 존재하고, 그에 따라 실질적인 희생자들이 존재한다. 문제는 우리가 당한 고통에 어떻게 반응할 것인가다. 여느 사람들처럼 희생자의 지위를 악용해 힘을 축적하거나 복수를 하거나 책임을 회피하고 있지는 않은가? 아니면 예수님처럼 자신의 고통을 거울삼아 다른 이들의 안타까운 처지를 더 분명히 볼 것인가? 자신의 고난을, 고통받는 주변 사람들에게 다가가 함께 주님을 찾는 계기로 삼을 것인가?

하나님께 마음을 향하다

"주님, 주님은 무엇이든 하실 수 있습니다.
저희를 불쌍히 여기시사
저희가 주님의 말씀을 듣기만 하는 것이 아니라
실천할 수 있게 해 주십시오."

_오리게네스, 185-254

하나님 뜻을 마음에 채우다

⁴¹ 가까이 오사 성을 보시고 우시며 ⁴² 이르시되 너도 오늘 평화에 관한 일을 알았더라면 좋을 뻔하였거니와 지금 네 눈에 숨겨졌도다 ⁴³ 날이 이를지라 네 원수들이 토둔을 쌓고 너를 둘러 사면으로 가두고 ⁴⁴ 또 너와 및 그 가운데 있는 네 자식들을 땅에 메어치며 돌 하나도 돌 위에 남기지 아니하리니 이는 네가 보살핌 받는 날을 알지 못함을 인함이니라 하시니라.
_누가복음 19장 41-44절

¹ 주 여호와의 영이 내게 내리셨으니 이는 여호와께서 내게 기름을 부으사 가난한 자에게 아름다운 소식을 전하게 하려 하심이라 나를 보내사 마음이 상한 자를 고치며 포로된 자에게 자유를, 갇힌 자에게 놓임을 선포하며 ² 여호와의 은혜의 해와 우리 하나님의 보복의 날을 선포하여 모든 슬픈 자를 위로하되 ³ 무릇 시온에서 슬퍼하는 자에게 화관을 주어 그 재를 대신하며 기쁨의 기름으로 그 슬픔을 대신하며 찬송의 옷으로 그 근심을 대신하시고 그들이 의의 나무 곧 여호와께서 심으신 그 영광을 나타낼 자라 일컬음을 받게 하려 하심이라.
_이사야 61장 1-3절

26일

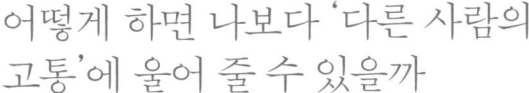

어떻게 하면 나보다 '다른 사람의 고통'에 울어 줄 수 있을까

선지자 하면 으레 불순종하는 백성에게 "여호와가 이같이 말하노라"라고 꾸짖는 혈기왕성한 웅변가를 떠올린다. 우리 머릿속에 있는 선지자들은 대개 화가 나서 새빨개진 얼굴로 침을 튀겨 가며 하나님의 메시지를 전하는 사람들이다. 그러다 보니 선지자들이 울 때도 많다는 사실을 망각하곤 한다.

성경은 고집불통 백성들과 그들의 악이 낳은 파괴의 참상에 눈물을 흘리며 한탄하는 선지자들의 모습도 생생하게 보여 준다. 심지어 포위된 예루살렘을 보며 눈물을 흘렸던 예레미야는 그 슬픔을 표현하기 위해 책 한 권을 썼다. 이 정도면 우리 머릿속에 있는 '분노한 선지자'의 이미지를 '우는 선지자'로 대체해야 하지 않을까 싶기도 하다.

예수님은 처음 예루살렘에 가까이 이르셨을 때 바로 이런 선지자의 모습을 보이셨다. 예루살렘 성을 본 예수님은 눈물을 흘리셨다. 예수님은 예루살렘 사람들이 하나님께로 돌아오기를 간절히 바라셨지만 그들은 그분의 초대를 한사코 거부했다. 그러자 그분은 분노하지 않으시고 오히려 깊이 슬퍼하셨다.

며칠 뒤 예수님은 십자가를 지고 가다가 슬퍼하는 예루살렘 여인들을 보셨을 때도 자신이 아닌 다른 이들을 향한 슬픔을 드러내셨다. 상상할 수 없는 고통을 겪는 마지막 순간에도 예수님은 선지자의 역할을 충실히 감당하셨다. "나를 위하여 울지 말고 너희와 너희 자녀를 위하여 울라"(눅 23:28). 예수님은 여인들이 볼 수 없는 예루살렘 앞에 닥친 끔찍한 운명을 똑똑히 보고 계셨다.

선지자는 분노한 심판관이 아니라 슬픔에 찬 선견자다. 선지자는 사람들이 행동을 고치지 않으면 어떤 끔찍한 운명을 맞을지 알기에 슬픔의 눈물을 흘린다. 이것이 이사야가 그리스도를 "슬픔의 사람"(사 53:3, a man of Sorrows-NIV)으로 예언한 이유다. 예수님의 슬픔은, 자신이 십자가 위에서 겪을 고통에만 국한되어 있지 않았다. 예수님의 눈물에는 눈먼 백성들을 향한 선지자의 눈물까지도 내포되어 있었다.

하나님께 마음을 향하다

"주님, 주님은 무엇이든 하실 수 있습니다.
저희를 불쌍히 여기시사
저희가 주님의 말씀을 듣기만 하는 것이 아니라
실천할 수 있게 해 주십시오."

_오리게네스, 185-254

하나님 뜻을 마음에 채우다

⁴¹ 가까이 오사 성을 보시고 우시며 ⁴² 이르시되 너도 오늘 평화에 관한 일을 알았더라면 좋을 뻔하였거니와 지금 네 눈에 숨겨졌도다 ⁴³ 날이 이를지라 네 원수들이 토둔을 쌓고 너를 둘러 사면으로 가두고 ⁴⁴ 또 너와 및 그 가운데 있는 네 자식들을 땅에 메어치며 돌 하나도 돌 위에 남기지 아니하리니 이는 네가 보살핌 받는 날을 알지 못함을 인함이니라 하시니라.
_누가복음 19장 41-44절

² 그는 주 앞에서 자라나기를 연한 순 같고 마른 땅에서 나온 뿌리 같아서 고운 모양도 없고 풍채도 없은즉 우리가 보기에 흠모할 만한 아름다운 것이 없도다 ³ 그는 멸시를 받아 사람들에게 버림받았으며 간고를 많이 겪었으며 질고를 아는 자라 마치 사람들이 그에게서 얼굴을 가리는 것 같이 멸시를 당하였고 우리도 그를 귀히 여기지 아니하였도다.
_이사야 53장 2-3절

27일

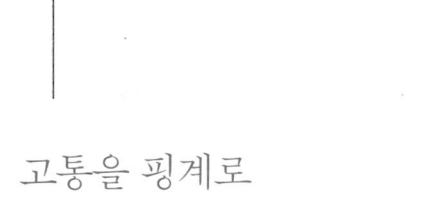

고통을 핑계로
자기 연민에 매몰되었는가

중세 신학자 토머스 아퀴나스는 고통이 영혼의 움직임을 축소시킨다고 말했다. 그렇게 되면 시선이 안쪽으로 향해 오직 자신만을 바라보게 된다. 이런 상태에서는 다른 사람들을 사랑하거나 섬기거나 다른 사람들에게 베풀 수 없다.

아퀴나스는 이런 상태를 "포위된 성"에 비유했

다. 성이 포위되면 주민들이 주변 모든 자원을 성 안으로 들여놓고 문을 꽁꽁 걸어 잠근다. 아무것도, 아무도 더는 들어오거나 나갈 수 없다. 생존만이 유일한 목표가 된다.

두려움에 빠지거나 고통을 겪으면 자신에게 몰두하기가 쉽다. 시선이 안쪽으로 집중되어 나만 생각하는 것이다. 그리고 주변 사람들은 안타까운 마음에 우리의 이기적인 태도를 한동안 너그러이 봐준다(물론 똑같은 이기주의라도 고통에 시달리지 않으면서 그리할 때는 비난을 면할 수 없다). 그러나 어떤 때를 막론하고 자기에게 지나치게 몰두하는 일은 매우 위험하다. 지나친 자기 몰두와 신세한탄은 같은 동전의 양면으로, 둘 다 매우 해롭다.

예수님은 누구보다도 자신에게 매몰될 이유가 충분하신 분이었다. 그분의 고통은 상상을 초월했고, 유대와 로마 정부가 그분께 자행한 불의는 유례없는 수준이었다. 하지만 예수님은 슬피 우는 예루살렘 여인들을 만났을 때 그들의 동정과 눈물을 물리치셨다. 대신, 마지막 그 순간까지도 구원해야 할 사람들을 향해 그분의 영혼의 문을 활짝 여셨다. 예수님은 다시 한 번 자신을 내어 주시고 자신보다 사람들의 운명을 더 걱정하셨다.

    우리의 고통이 아무리 깊고 우리의 상황이 아무리 어둡다 해도, 그리스도를 통해 우리는 여전히 주변 사람들을 사랑하고 신세한탄에 빠지지 않을 수 있다.

하나님께 마음을 향하다

"주님, 주님은 무엇이든 하실 수 있습니다.
저희를 불쌍히 여기시사
저희가 주님의 말씀을 듣기만 하는 것이 아니라
실천할 수 있게 해 주십시오."

_오리게네스, 185-254

하나님 뜻을 마음에 채우다

³ 아무 일에든지 다툼이나 허영으로 하지 말고 오직 겸손한 마음으로 각각 자기보다 남을 낫게 여기고 ⁴ 각각 자기 일을 돌볼뿐더러 또한 각각 다른 사람들의 일을 돌보아 나의 기쁨을 충만하게 하라.
_빌립보서 2장 3-4절

¹ 믿음이 강한 우리는 마땅히 믿음이 약한 자의 약점을 담당하고 자기를 기쁘게 하지 아니할 것이라 ² 우리 각 사람이 이웃을 기쁘게 하되 선을 이루고 덕을 세우도록 할지니라 ³ 그리스도께서도 자기를 기쁘게 하지 아니하셨나니 기록된 바 주를 비방하는 자들의 비방이 내게 미쳤나이다 함과 같으니라 ⁴ 무엇이든지 전에 기록된 바는 우리의 교훈을 위하여 기록된 것이니 우리로 하여금 인내로 또는 성경의 위로로 소망을 가지게 함이니라 ⁵ 이제 인내와 위로의 하나님이 너희로 그리스도 예수를 본받아 서로 뜻이 같게 하여 주사 ⁶ 한마음과 한 입으로 하나님 곧 우리 주 예수 그리스도의 아버지께 영광을 돌리게 하려 하노라 ⁷ 그러므로 그리스도께서 우리를 받아 하나님께 영광을 돌리심과 같이 너희도 서로 받으라.
_로마서 15장 1-7절

열 번째 순례처

용서

십자가에

못 박히신

예수님을 만나다

누가복음 23장 32-38절
―――――――――

32 또 다른 두 행악자도 사형을 받게 되어 예수와 함께 끌려 가니라 33 해골이라 하는 곳에 이르러 거기서 예수를 십자가에 못 박고 두 행악자도 그렇게 하니 하나는 우편에, 하나는 좌편에 있더라 34 이에 예수께서 이르시되 아버지 저들을 사하여 주옵소서 자기들이 하는 것을 알지 못함이니이다 하시더라 그들이 그의 옷을 나눠 제비 뽑을새 35 백성은 서서 구경하는데 관리들은 비웃어 이르되 저가 남을 구원하였으니 만일 하나님이 택하신 자 그리스도이면 자신도 구원할지어다 하고 36 군인들도 희롱하면서 나아와 신 포도주를 주며 37 이르되 네가 만일 유대인의 왕이면 네가 너를 구원하라 하더라 38 그의 위에 이는 유대인의 왕이라 쓴 패가 있더라.

28일

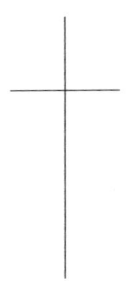

누구를
용서하지 못하고 있는가

"그들이 …… 십자가에 못 박고"(눅 23:26, 33). 성경에 기록된 것은 이것이 다. 구체적으로 어떤 상황이 벌어졌는지, 구경꾼들이 뭐라고 말했는지, 예수님이 고통 가운데 어떻게 비명을 지르거나 몸을 비트셨는지 아무런 언급이 없다.

복음서의 첫 독자들이 십자가 처형의 공포를 익

히 알고 있었기 때문에 복음서 기자들이 구체적인 묘사를 생략한 것인지도 모른다. 하지만 혹시 전혀 다른 부분에 초점을 맞추기 위해서 일부러 육체적인 상황을 구체적으로 묘사하지 않은 것은 아닐까? 독자들이 예수님의 고통을 생각하며 슬퍼하기보다는 그분의 자비를 본받기를 바랐던 것은 아닐까?

"아버지 저들을 사하여 주옵소서 자기들이 하는 것을 알지 못함이니이다"(34절). 예수님은 십자가에 못 박힌 상태에서 그렇게 기도하셨다. 복음서 기자들이 당시 핍박당하는 그리스도인들을 위해서 예수님의 삶과 죽음, 부활, 승천에 관한 이야기를 기록했다는 점을 간과하지 말아야 한다. 이 기록의 첫 독자들은 신앙 때문에 불의와 매질, 심지어 죽임까지 당했다. 복음서 기자들은 은연중에 한 가지 질문을 던지는 듯하다. '당신을 괴롭힌 사람들을 예수님처럼 용서할 수 있겠는가?'

예수님의 행동이 얼마나 비생산적인지 생각해 보라. 예수님은 뭔가를 바라고서 용서를 베푸신 것이 아니다. 병사들의 동정심을 얻어 내 죽음을 모면하려고 그러신 것이 아니다.

분노와 원망이라는 고통스러운 감옥에서 벗어나기 위해서는 용서가 꼭 필요하다. 분명 맞는 말이다. 하지만 가해자를 용서해서 얻을 것이 전혀 없을 때는 어떻게 해야 하는가? 우리는 주님의 행동을 실용성이나 합리성의 시각으로만 바라봐서는 안 된다. 우리 또한 그런 기준으로만 행동해서는 안 된다. 가장 지고한 사랑의 표현은 실용적이지도, 합리적이지도 않다.

하나님께 마음을 향하다

"우리가 우리에게 죄 지은 모든 사람을 용서하오니 우리 죄도 사하여 주십시오."

_누가복음 11장 4절 참조

── 하나님 뜻을 마음에 채우다 ──

²¹ 그때에 베드로가 나아와 이르되 주여 형제가 내게 죄를 범하면 몇 번이나 용서하여 주리이까 일곱 번까지 하오리이까 ²² 예수께서 이르시되 네게 이르노니 일곱 번뿐 아니라 일곱 번을 일흔 번까지라도 할지니라.
_마태복음 18장 21-22절

누가 누구에게 불만이 있거든 서로 용납하여 피차 용서하되 주께서 너희를 용서하신 것같이 너희도 그리하고.
_골로새서 3장 13절

29일

내게 진정 필요한 것이
무엇인지 아는가

로마 병사들은 예수님을 십자가에 못 박고 나서 피골이 상접한 주님의 모습을 보며 다시 잔인한 머리를 굴렸다. '이 자에게서 무엇을 더 빼앗을 수 있을까? 이 자를 어떻게 더 이용해 먹을까?' 병사들은 주님의 존엄성과 권리, 힘, 피를 다 빼앗은 것으로도 모자라 마지막으로 한 가지를 더 빼앗았다. 바로 그분의 옷이다. 병사들은 예수님의 옷을 다 벗긴 뒤에 누가 차지할지를 놓고 내기를 벌였다.

이것이 세상이 예수님을 바라보는 시각이다. 세상 사람들에게 예수님은 이용하고 빼앗고 착취할 대상에 불과하다. 우리는 예수님에게서 필요한 것만 취하고 나머지는 버린다. 그분을 한껏 높여 놓고서 내 목적을 위해 그분을 어떻게 이용할지 머리를 굴리고, 서로 그분의 것을 먼저 갖겠다며 다툼을 벌인다.

한편 예수님은 병사들의 행동을 보시고도 전혀 놀라시지 않았을 것이다. 태초부터 세상은 그분을 착취하려고만 해 왔으니 말이다. 세상은 그분이 행하시는 치유와 기적, 힘만을 원했다. 하지만 그분은 다 알면서도 아낌없이 자신을 내어 주셨다.

굶주린 사람을 먹이셨고, 눈먼 사람에게 세상을 보여 주셨으며, 부정한 사람을 만지셨고, 죽은 사람을 살리셨다. 그리고 십자가 위에서 자신의 몸을 찢어 온 세상에 내어 주셨다. 병사들이 옷까지 벗겨 갔어도 주님은 그들을 내치지 않으셨다.

앗아 가는 것이 세상의 방식이다. 하지만 예수

님의 방식은 내어 주는 것이다. 심지어 십자가 위에서 예수님은 병사들에게 그들이 구하지 않은 것까지 덤으로 주셨다. 용서를 베푸신 것이다. "아버지 저들을 사하여 주옵소서"(눅 23:34).

하나님께 마음을 향하다

"우리가 우리에게 죄 지은 모든 사람을 용서하오니
우리 죄도 사하여 주십시오."

_누가복음 11장 4절 참조

하나님 뜻을 마음에 채우다

자기 아들을 아끼지 아니하시고 우리 모든 사람을 위하여 내주신 이가 어찌 그 아들과 함께 모든 것을 우리에게 주시지 아니하겠느냐.
_로마서 8장 32절

³⁸ 또 눈은 눈으로, 이는 이로 갚으라 하였다는 것을 너희가 들었으나 ³⁹ 나는 너희에게 이르노니 악한 자를 대적하지 말라 누구든지 네 오른편 **뺨**을 치거든 왼편도 돌려 대며 ⁴⁰ 또 너를 고발하여 속옷을 가지고자 하는 자에게 겉옷까지도 가지게 하며 ⁴¹ 또 누구든지 너로 억지로 오 리를 가게 하거든 그 사람과 십 리를 동행하고 ⁴² 네게 구하는 자에게 주며 네게 꾸고자 하는 자에게 거절하지 말라 ⁴³ 또 네 이웃을 사랑하고 네 원수를 미워하라 하였다는 것을 너희가 들었으나 ⁴⁴ 나는 너희에게 이르노니 너희 원수를 사랑하며 너희를 박해하는 자를 위하여 기도하라 ⁴⁵ 이같이 한즉 하늘에 계신 너희 아버지의 아들이 되리니 이는 하나님이 그 해를 악인과 선인에게 비추시며 비를 의로운 자와 불의한 자에게 내려 주심이라 ⁴⁶ 너희가 너희를 사랑하는 자를 사랑하면 무슨 상이 있으리요 세리도 이같이 아니하느냐 ⁴⁷ 또 너희가 너희 형제에게만 문안하면 남보다 더하는 것이 무엇이냐 이방인들도 이같이 아니하느냐 ⁴⁸ 그러므로 하늘에 계신 너희 아버지의 온전하심과 같이 너희도 온전하라.

_마태복음 5장 38-48절

30일

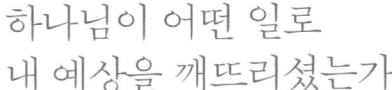

하나님이 어떤 일로
내 예상을 깨뜨리셨는가

십자가 처형은 단순히 잔인한 처형 그 이상이었다. 그것은 대중을 위협하기 위한 수단이기도 했다. 범죄자들이 길가 십자가 위에 줄줄이 매달린 광경은 누구든 로마에 도전하는 자는 똑같은 꼴을 당한다는 무시무시한 경고 역할을 했다. 로마인들은 효과를 극대화하기 위해 각 십자가 위에 죄목을 게시했다.

예수님의 십자가에 붙은 죄패는 "유대인의 왕"이었다. 로마인들은 예수님을 고문할 때 씌우고 입힌 가시관과 홍포처럼 이 죄패도 조롱거리로 내건 것이었다. 아울러 이 죄패는 실제로 죄목을 적은 것이기도 했다. 실제로 예수님은 하나님(유대인들에게는 신성모독)이요 진정한 왕(로마인들에게는 반역)이라고 주장했다.

이 죄패는 비록 병사들이 조롱거리이자 죄목으로 붙인 것이었지만 그들의 의도와 달리 진실을 선포하고 있었다. 예수님은 진실로 유대인의 왕이셨다. 이것은 성경을 가득 채우고 있는 하나님의 반전 가운데 하나다. 처음부터 하나님은 세상의 예상을 뒤엎는 것에서 기쁨을 찾으셨다.

아이를 낳을 나이가 한참 지난 노부부에게 그들의 자손이 이 땅을 가득 채울 거라고 약속하신 것에서 시작하여, 노예들의 무리로 세계 최강대국을 전복시키고, 비쩍 마른 꼬마 목동 한 명을 뽑아 강력한 전사의 왕위를 대신하게 하신 일을 보라. 하나님은 뜻밖의 상황을 좋아하신다. 이런 패턴은 왕의 진정한 정체가 만인에게 드러나지만 모두가 비웃는 장면에서 절정에 이르렀다.

하늘의 왕이 벌거벗은 채 매질을 당하고 십자가 위에서 굴욕을 당하신 일을 생각하면 우리가 세운 가정들을 다시 생각해 봐야 마땅하다. 하나님은 세상의 법칙에 따라 역사하시지 않고, 세상의 예상을 따라가시지 않는다. 오히려 하나님은 세상의 예상을 깨뜨리기를 즐겨 하신다.

―― 하나님께 마음을 향하다 ――

"우리가 우리에게 죄 지은 모든 사람을 용서하오니
우리 죄도 사하여 주십시오."

_누가복음 11장 4절 참조

하나님 뜻을 마음에 채우다

²⁷ 그러나 하나님께서 세상의 미련한 것들을 택하사 지혜 있는 자들을 부끄럽게 하려 하시고 세상의 약한 것들을 택하사 강한 것들을 부끄럽게 하려 하시며 ²⁸ 하나님께서 세상의 천한 것들과 멸시받는 것들과 없는 것들을 택하사 있는 것들을 폐하려 하시나니 ²⁹ 이는 아무 육체도 하나님 앞에서 자랑하지 못하게 하려 하심이라.
_고린도전서 1장 27-29절

⁸ 이는 내 생각이 너희의 생각과 다르며 내 길은 너희의 길과 다름이니라 여호와의 말씀이니라 ⁹ 이는 하늘이 땅보다 높음 같이 내 길은 너희의 길보다 높으며 내 생각은 너희의 생각보다 높음이니라.
_이사야 55장 8-9절

31일

십자가가
어리석어 보이는가

사도 바울은 헬라(그리스)의 도시 고린도의 첫 그리스도인들에게 쓴 편지에서 자신은 오직 "십자가에 못 박힌 그리스도"를 전한다고 말했다. 당시 헬라인(그리스인)들에게 고통과 굴욕을 당하는 신이라는 개념은 "미련한 것"이요, 비웃음을 사기에 좋은 말도 안 되는 소리일 뿐이었다. 하지만 예수님의 십자가를 조롱하는 사람들은 그들만이 아니다.

현대의 많은 철학들과 종교들은 '고통받는 하나님'이라는 개념을 거부한다. 대신, 그들은 힘과 통제로 가는 길을 제시한다. 니체의 말마따나 "세상 자체가 힘을 얻으려는 의지, 그 이상도 이하도 아니다." 불교의 일부 종파들은 고통을 '초월해야 할 환상'으로 치부한다. 심지어 현대의 소비주의도 고통을 피하거나 최소한 물질적인 탐닉으로 마비시켜야 할 비정상 상태라고 세뇌시킨다.

하지만 그리스도인은 여전히 십자가의 사람들로 남아 있으며, 우리 주님은 여전히 고난을 통해 세상의 죄를 감당하신 하나님의 어린 양으로 남아 계시다.

존 스토트는 왜 자신이 오직 십자가를 통해서만 하나님께 이를 수 있었는지를 다음과 같이 밝혔다.

ㄴ 십자가가 아니면 하나님을 믿지 못했을 것이다. 내가 믿는 유일한 하나님은 니체가 '십자가 위의 하나님'이라 조롱했던 바로 그 하나님이시다. 고통으로 가득한 현실 세상에서 어떻게 고통을 모르고 고통에 무감각한 하나님을 섬길 수 있겠는가?

한때는 아시아의 여러 국가에서 여러 절에 들어가, 가부좌에 팔짱을 끼고 눈을 감은 채 입가에 엷은 미소를 띠고서 세상의 고뇌를 전혀 모르는 듯 초연한 표정을 지은 불상 앞에 서서 경외감에 젖어 들곤 했다. 하지만 매번 이내 거기서 몸을 돌렸다.

상상 속에서 나는, 고문을 받아 온몸이 뒤틀린 채로 십자가 위에 달려 있는 그 외로운 인물에게로 몸을 돌렸다. 손과 발에는 못이 관통해 있고 등은 갈기갈기 찢어지고 사지는 꼬이고 가시에 찔린 이마에서는 피가 줄줄 흐르고 입술은 바짝 말라 견딜 수 없는 갈증에 시달린 채 하나님께 버림받은 분. 바로 이분이 나의 하나님이시다.

그분은 고통에 대한 면역을 포기하셨다. 그분은 살과 피, 눈물과 죽음으로 이루어진 우리의 세상 속으로 들어오셨다. 그분은 우리를 위해 고난을 당하셨다. 그분의 고난을 생각하면 우리가 겪는 고난쯤은 감당하기가 수월해 보인다.

인간 고통에 대해서는 여전히 물음표가 존재하지만 그 위에 우리는 과감히 또 다른 표를 찍는다. 그것은 바로 하나님의 고난을 상징하는 십자가의 표다.

하나님께 마음을 향하다

"우리가 우리에게 죄 지은 모든 사람을 용서하오니 우리 죄도 사하여 주십시오."

_누가복음 11장 4절 참조

―― 하나님 뜻을 마음에 채우다 ――

[20] 지혜 있는 자가 어디 있느냐 선비가 어디 있느냐 이 세대에 변론가가 어디 있느냐 하나님께서 이 세상의 지혜를 미련하게 하신 것이 아니냐 [21] 하나님의 지혜에 있어서는 이 세상이 자기 지혜로 하나님을 알지 못하므로 하나님께서 전도의 미련한 것으로 믿는 자들을 구원하시기를 기뻐하셨도다 [22] 유대인은 표적을 구하고 헬라인은 지혜를 찾으나 [23] 우리는 십자가에 못 박힌 그리스도를 전하니 유대인에게는 거리끼는 것이요 이방인에게는 미련한 것이로되 [24] 오직 부르심을 받은 자들에게는 유대인이나 헬라인이나 그리스도는 하나님의 능력이요 하나님의 지혜니라 [25] 하나님의 어리석음이 사람보다 지혜롭고 하나님의 약하심이 사람보다 강하니라.
_고린도전서 1장 20-25절

⁵ 너희 안에 이 마음을 품으라 곧 그리스도 예수의 마음이니 ⁶ 그는 근본 하나님의 본체시나 하나님과 동등됨을 취할 것으로 여기지 아니하시고 ⁷ 오히려 자기를 비워 종의 형체를 가지사 사람들과 같이 되셨고 ⁸ 사람의 모양으로 나타나사 자기를 낮추시고 죽기까지 복종하셨으니 곧 십자가에 죽으심이라 ⁹ 이러므로 하나님이 그를 지극히 높여 모든 이름 위에 뛰어난 이름을 주사 ¹⁰ 하늘에 있는 자들과 땅에 있는 자들과 땅 아래에 있는 자들로 모든 무릎을 예수의 이름에 꿇게 하시고 ¹¹ 모든 입으로 예수 그리스도를 주라 시인하여 하나님 아버지께 영광을 돌리게 하셨느니라.

_빌립보서 2장 5-11절

열한 번째 순례처

자비

범죄자에게

하나님 나라를 약속하신

예수님을 만나다

누가복음 23장 39-43절

---

39 달린 행악자 중 하나는 비방하여 이르되 네가 그리스도가 아니냐 너와 우리를 구원하라 하되 **40** 하나는 그 사람을 꾸짖어 이르되 네가 동일한 정죄를 받고서도 하나님을 두려워하지 아니하느냐 **41** 우리는 우리가 행한 일에 상당한 보응을 받는 것이니 이에 당연하거니와 이 사람이 행한 것은 옳지 않은 것이 없느니라 하고 **42** 이르되 예수여 당신의 나라에 임하실 때에 나를 기억하소서 하니 **43** 예수께서 이르시되 내가 진실로 네게 이르노니 오늘 네가 나와 함께 낙원에 있으리라 하시니라.

32일

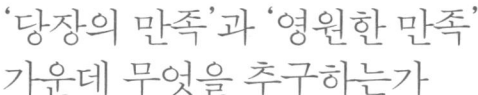

'당장의 만족'과 '영원한 만족' 가운데 무엇을 추구하는가

나는 여느 설교자들이 하는 것처럼 이 사람들을 '나쁜 강도'와 '좋은 강도'로 나누고 싶지 않다. 마치 한 강도는 악한 의도로 범죄를 저지르고, 다른 강도는 굶주린 아이를 먹이기 위해 빵을 훔친 장 발장처럼 필요에 의해서 어쩔 수 없이 물건을 훔친 것이라는 뉘앙스를 풍기기 때문이다. 하지만 둘 다 스스로 죽어 마땅한 죄를 저질렀다고 인정했다는 점 외에 두 사람에 관한 다른 정보는 전혀 없다.

따라서 두 사람을 좋은 강도와 나쁜 강도로 구분하기보다는 한 사람은 '당장의 만족'을 추구했고 다른 사람은 '영원한 만족'을 갈망했다는 점에 주목해야 옳다.

첫 번째 강도는 "네가 그리스도가 아니냐 너와 우리를 구원하라"(눅 23:39)라며 예수님을 다그쳤다. 이 강도는 자신의 십자가를 벗고 싶었다. 당장 편안해지기를 원했다. 이 강도의 외침은 한 주 전에 예수님이 예루살렘에 오셨을 때 하늘을 찌르던 사람들의 외침과 본질적으로 동일하다. "호산나!" 이는 "지금 당장 우리를 구해 주시오!"라는 뜻이다. 그들은 로마의 지배에서 자신들을 당장 해방시켜 줄 기적을 행할 구원자를 원했다. 예수님이 그 역할을 거부하자 그들은 그분을 십자가에 못 박았다.

하지만 다른 강도는 예수님께 즉각적인 구원을 요청하지 않았다. 그는 자기 십자가의 고통을 받아들이면서 그저 "당신의 나라에 임하실 때에 나를 기억하소서"(42절)라고 했다. 그는 나중에 찾아올 무한

한 만족을 바라보았다. 예수님이 그분의 나라가 먼 미래에 임하지 않는다고 말씀하셨을 때 필시 그는 충격을 받았을 것이다. 그분의 나라는 그날 바로 시작되었고, 그 강도는 그 나라에 들어갈 수 있었다.

당장 눈앞의 만족을 위해 예수님을 이용하려고 하면 비협조적이신 그분께 실망만 할 것이다. 하지만 하나님 나라에서 누릴 영원한 만족을 참을성 있게 바라고 기다리면 그 강도가 받은 충격을 우리 역시 동일하게 경험할 것이다. 그 영원한 만족을 바로 오늘 당장부터 누리게 된다는 사실이다.

하나님께 마음을 향하다

"하나님의 아들이신 주 예수 그리스도시여,
이 죄인을 불쌍히 여기소서. 아멘."

_누가복음 18장 13절에 근거한 '예수 기도'

하나님 뜻을 마음에 채우다

¹ 우리가 하나님과 함께 일하는 자로서 너희를 권하노니 하나님의 은혜를 헛되이 받지 말라 ² 이르시되 내가 은혜 베풀 때에 너에게 듣고 구원의 날에 너를 도왔다 하셨으니 보라 지금은 은혜받을 만한 때요 보라 지금은 구원의 날이로다.
_고린도후서 6장 1-2절

¹¹ 그의 영광의 힘을 따라 모든 능력으로 능하게 하시며 기쁨으로 모든 견딤과 오래 참음에 이르게 하시고 ¹² 우리로 하여금 빛 가운데서 성도의 기업의 부분을 얻기에 합당하게 하신 아버지께 감사하게 하시기를 원하노라 ¹³ 그가 우리를 흑암의 권세에서 건져 내사 그의 사랑의 아들의 나라로 옮기셨으니 ¹⁴ 그 아들 안에서 우리가 속량 곧 죄 사함을 얻었도다.
_골로새서 1장 11-14절

3 3 일

십자가를 통해서 보면
자신이 어떻게 보이는가

성전에서 하나님의 환상을 본 이사야 선지자는 그분의 거룩하심에 비해 자신의 상태가 얼마나 악한지를 절실히 깨닫고서, 크게 부끄러움을 느꼈고 자아가 완전히 깨지는 경험을 했다. "화로다 나여 망하게 되었도다 나는 입술이 부정한 사람이요 나는 입술이 부정한 백성 중에 거주하면서 만군의 여호와이신 왕을 뵈었음이로다"(사 6:5). 이런 반응은 성경에서 흔히 나타나는 패턴이다. 하나님의 영광과 능력을 본 사람들은 하나같이 자신의 타락을 뼈저리게 깨닫고서 자비를 구했다.

베드로도 갈릴리 해변에서 예수님을 만났을 때 비슷한 경험을 했다. 예수님의 능력으로 그물이 찢어질 정도로 물고기가 잡히자 베드로는 주님 앞에 엎드려 떨리는 목소리로 말했다. "주여 나를 떠나소서 나는 죄인이로소이다"(눅 5:8).

예수님 옆에서 십자가에 못 박혔던 죄인도 이와 똑같은 패턴을 따른 것으로 보인다. 그 강도도 예수님의 신성을 깨닫고서 자신의 악함을 고백하고 그분의 자비를 구했다. 그도 예수님을 보고 크게 놀라 충격을 받았다. 그러나 성전에서 하나님에 관한 지축을 뒤흔드는 환상을 본 이사야나 갈릴리 바다에서 기적 가운데 예수님을 만난 베드로와 달리, 그 강도는 그리스도의 강함이 아닌 온순함에 감화되어 고백했다. 그가 예수님을 메시아로 확신한 것은 무고한 사람이 십자가를 감내하고 적들을 용서하는 모습 때문이었다.

의심과 의문의 한복판에서 우리는 하나님이 능력으로 나타나시길 원한다. 우리는 하나님이 이사야와 베드로의 경우처럼 기적을 행하시거나 엄청난 임재로 지축을 뒤흔드시기를 기대한다. 우리는 으레 하나님이 현란한 기적을 통해 나타나셔야 마땅하다고 생각한다.

하지만 하나님의 가장 온전한 계시는 예수 그리스도와 그분의 십자가를 통해 이루어졌다. 십자가를 바라보면 우리 죄의 깊이와 그분의 능력의 크심이 동시에 보인다. 십자가는 우리 자신의 실체를 적나라하게 보게 만들고 자아를 깨뜨린다.

하나님께 마음을 향하다

"하나님의 아들이신 주 예수 그리스도시여,
이 죄인을 불쌍히 여기소서. 아멘."
_누가복음 18장 13절에 근거한 '예수 기도'

하나님 뜻을 마음에 채우다

¹ 웃시야 왕이 죽던 해에 내가 본즉 주께서 높이 들린 보좌에 앉으셨는데 그의 옷자락은 성전에 가득하였고 ² 스랍들이 모시고 섰는데 각기 여섯 날개가 있어 그 둘로는 자기의 얼굴을 가리었고 그 둘로는 자기의 발을 가리었고 그 둘로는 날며 ³ 서로 불러 이르되 거룩하다 거룩하다 거룩하다 만군의 여호와여 그의 영광이 온 땅에 충만하도다 하더라 ⁴ 이같이 화답하는 자의 소리로 말미암아 문지방의 터가 요동하며 성전에 연기가 충만한지라 ⁵ 그 때에 내가 말하되 화로다 나여 망하게 되었도다 나는 입술이 부정한 사람이요 나는 입술이 부정한 백성 중에 거주하면서 만군의 여호와이신 왕을 뵈었음이로다 하였더라.

_이사야 6장 1-5절

⁴ 말씀을 마치시고 시몬에게 이르시되 깊은 데로 가서 그물을 내려 고기를 잡으라 ⁵ 시몬이 대답하여 이르되 선생님 우리들이 밤이 새도록 수고하였으되 잡은 것이 없지마는 말씀에 의지하여 내가 그물을 내리리이다 하고 ⁶ 그렇게 하니 고기를 잡은 것이 심히 많아 그물이 찢어지는지라 ⁷ 이에 다른 배에 있는 동무들에게 손짓하여 와서 도와 달라 하니 그들이 와서 두 배에 채우매 잠기게 되었더라 ⁸ 시몬 베드로가 이를 보고 예수의 무릎 아래에 엎드려 이르되 주여 나를 떠나소서 나는 죄인이로소이다 하니.

_누가복음 5장 4-8절

3 4 일

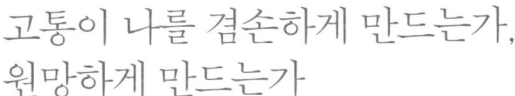

고통이 나를 겸손하게 만드는가, 원망하게 만드는가

그리스도를 믿기에 너무 늦은 때란 없다. 이것이 우리가 예수님 옆에서 십자가에 못 박혔던 범죄자에게서 배울 수 있는 교훈이다. 그는 십자가 처형을 당해 마땅하다며 자신의 죄를 인정하고 나서 예수님께 그분의 나라가 임할 때 자신을 기억해 달라면서 자비를 구했다.

이에 예수님은 "오늘 네가 나와 함께 낙원에 있으리라"라고 약속하셨다(눅 23:43). 이처럼 우리 죄가 아무리 끔찍하고 우리가 아무리 늦게 회개해도 예수님은 그분의 이름을 부르는 자들을 외면하시지 않고 기꺼이 자비를 베푸신다.

그렇다면 또 다른 한 명의 범죄자는? 십자가 위의 회개하지 않은 다른 남자는? 그에게서는 무엇을 배워야 할까? 그는 "네가 그리스도가 아니냐 너와 우리를 구원하라"(39절)라며 예수님을 비방하고 조롱했다. 그는 자신의 죄를 후회하는 태도가 전혀 없었고, 예수님 앞에서 전혀 겸손한 모습을 보이지 않았다. 죽음의 목전에 이른 순간에도 그의 마음은 여전히 돌같이 굳어 있었다.

C. S. 루이스는 이렇게 말했다. "하나님은 우리의 기쁨을 통해 속삭이시고, 우리의 양심을 통해 말씀하시며, 우리의 고통을 통해 외치신다. 고통은 귀먹은 세상을 깨우는 하나님의 확성기다."

그런데 예수님 곁에서 십자가에 못 박혔던 두 범죄자는 하나님의 확성기를 접한다고 해서 모든 사람이 똑같이 반응하는 것은 아님을 보여 준다. 한 사람은 십자가의 고통을 겪고 회개하고 겸손해졌으며 이어 자비를 구했다. 하지만 다른 한 사람은 고통을 겪고도 오히려 마음이 더 굳어져 하나님을 더 경멸하기에 이르렀다.

우리가 빠질 수 있는 두 가지 착각이 있다. 첫 번째 착각은 다른 사람은 다 변해도 특정한 어떤 사람만은 절대 변할 수 없다고 확신하는 것이다. 하지만 회개한 강도에게서 확인할 수 있듯이 언제나 소망은 있다. 두 번째 착각은 모든 사람이 변할 것이라고 확신하는 것이다. 하지만 회개하지 않은 강도를 보면 하나님이 아무리 큰 소리로 부르셔도 숨이 끊어지는 순간까지 자신의 분노를 부여잡는 사람들이 있다는 사실을 알 수 있다.

― 하나님께 마음을 향하다 ―

"하나님의 아들이신 주 예수 그리스도시여,
이 죄인을 불쌍히 여기소서. 아멘."
_누가복음 18장 13절에 근거한 '예수 기도'

---- 하나님 뜻을 마음에 채우다 ----

⁹ 내가 지금 기뻐함은 너희로 근심하게 한 까닭이 아니요 도리어 너희가 근심함으로 회개함에 이른 까닭이라 너희가 하나님의 뜻대로 근심하게 된 것은 우리에게서 아무 해도 받지 않게 하려 함이라 ¹⁰ 하나님의 뜻대로 하는 근심은 후회할 것이 없는 구원에 이르게 하는 회개를 이루는 것이요 세상 근심은 사망을 이루는 것이니라.
_고린도후서 7장 9-10절

¹² 형제들아 너희는 삼가 혹 너희 중에 누가 믿지 아니하는 악한 마음을 품고 살아 계신 하나님에게서 떨어질까 조심할 것이요 ¹³ 오직 오늘이라 일컫는 동안에 매일 피차 권면하여 너희 중에 누구든지 죄의 유혹으로 완고하게 되지 않도록 하라 ¹⁴ 우리가 시작할 때에 확신한 것을 끝까지 견고히 잡고 있으면 그리스도와 함께 참여한 자가 되리라 ¹⁵ 성경에 일렀으되 오늘 너희가 그의 음성을 듣거든 격노하시게 하던 것같이 너희 마음을 완고하게 하지 말라 하였으니.
_히브리서 3장 12-15절

열두 번째 순례처

연합

십자가 아래서

예수님 곁을 지킨

이들을 만나다

요한복음 19장 25-27절

---

25 예수의 십자가 곁에는 그 어머니와 이모와 글로바의 아내 마리아와 막달라 마리아가 섰는지라 26 예수께서 자기의 어머니와 사랑하시는 제자가 곁에 서 있는 것을 보시고 자기 어머니께 말씀하시되 여자여 보소서 아들이니이다 하시고 27 또 그 제자에게 이르시되 보라 네 어머니라 하신대 그때부터 그 제자가 자기 집에 모시니라.

35일

오직 나만을 향한
하나님 사랑을 느껴 본 적 있는가

극심한 고통 가운데서도 예수님은 십자가 아래에 있는 어머니 마리아를 내려다보셨다. 마리아는 단순히 랍비나 선생, 왕의 죽음을 보는 것이 아니었다. 그녀는 지금 가장 끔찍한 광경, 사랑하는 아들의 고통스러운 죽음 앞에 속수무책으로 서 있다. 예수님은 마리아 옆에 선 "사랑하시는 제자" 요한을 보셨다. 역사적 문헌들에 따르면 당시 요한은 꽤 어렸다고 한다. 아마도 겨우 십 대였을 것으로 추정된다.

예수님과 요한은 특별한 관계를 나누었다. 복음서에서 둘의 관계를 살짝만 엿볼 수 있을 뿐이지만 그것만으로도 둘의 관계가 깊은 애정의 관계였음을 분명히 알 수 있다. 어찌 보면 부자관계에 가까웠다고까지 말할 수 있다.

예를 들어, 최후의 만찬 장면을 보자. 다른 제자들은 예수님과 함께 식탁에 기대어 식사를 하는데 유독 요한만 예수님의 품에 머리를 기대었다. 마치 아들이 아버지의 품에 안긴 모양새다. 이런 상황을 종합해 보면 마리아와 요한이 십자가 앞에 모인 이유를 이해할 수 있다. 둘 다 예수님을 깊이 사랑했고 예수님도 두 사람을 깊이 사랑하셨다.

이 순간 예수님이 겪은 육체적 고통은 우리가 감히 상상조차 할 수 없는 수준이었다. 등이 갈가리 찢겨 나가 근육과 뼈, 신경까지 훤히 드러난 것도 모자라 십자가의 거친 나무에 눌려 극심한 고통을 일으켰다. 손과 발에는 못이 관통해 있었고, 얼굴은 지독하게 맞아 퉁퉁 붓고 가시가 두개골까지 파고 들었다.

그런데 이 지독한 고통의 한복판에서도 예수님은 마리아와 요한을 내려다보시며 자신이 당하는 고통이 아닌 그들이 겪을 고통을 더 아파하셨다. 그래서 그분은 두 사람을 하나로 맺어 서로의 고통을 덜어 주게 하셨다.

십자가 위에서 예수님은 온 세상을 향한 사랑을 증명해 보이셨다. 그리고 동시에 한 여자와 한 남자를 향한 사랑을 드러내셨다. 하나님의 사랑은 우주만큼 넓은 동시에, 바로 한 사람, 당신의 작은 삶에도 깊이 주목하고 관여할 만큼 세심하다.

하나님께 마음을 향하다

"주님, 우리가 주님의 사랑 안에서
서로에게 늘 충실하게 해 주십시오.
그 무엇도 우리를 주님의 사랑에서,
그리고 우리가 서로에게 품어야 할 사랑에서

끊어 낼 수 없게 해 주십시오."

_마더 테레사, 1910-1997

───── 하나님 뜻을 마음에 채우다 ─────

²⁹ 참새 두 마리가 한 앗사리온에 팔리지 않느냐 그러나 너희 아버지께서 허락하지 아니하시면 그 하나도 땅에 떨어지지 아니하리라 ³⁰ 너희에게는 머리털까지 다 세신 바 되었나니 ³¹ 두려워하지 말라 너희는 많은 참새보다 귀하니라.
_마태복음 10장 29-31절

¹ 형제 사랑하기를 계속하고 ² 손님 대접하기를 잊지 말라 이로써 부지중에 천사들을 대접한 이들이 있었느니라 ³ 너희도 함께 갇힌 것같이 갇힌 자를 생각하고 너희도 몸을 가졌은즉 학대받는 자를 생각하라.
_히브리서 13장 1-3절

36일

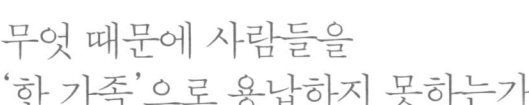

무엇 때문에 사람들을 '한 가족'으로 용납하지 못하는가

십자가 위에서 예수님은 어머니와 제자 요한에게 말씀하셨다. 먼저 어머니 마리아에게 "여자여 보소서 아들이니이다"(요 19:26)라고 하신 뒤에 이어서 제자 요한에게 "보라 네 어머니라"(27절)라고 말씀하셨다. 이때 예수님이 사용하신 언어는 1세기 당시 입양 과정에서 사용하던 법률 용어다. 따라서 예수님은 두 사람의 법적인 양자 결연을 선포하신 것이다. 그때부터 요한이 마리아를 자신의 집에서 모신 것으로 보아 두 사람이 이 점을 이해했던 것이 분명하다.

당시에는 요양원 개념이 없었다. 그래서 장남인 예수님이 세상을 떠난 뒤에는 다른 자식 중 한 명이 홀로 남은 마리아를 봉양해야 했다. 그런데 예수님은 형제가 아닌 요한에게 어머니를 부탁했다. 이는 이상할 뿐 아니라 형제들을 모욕하는 일일 수 있다. 형제들을 무시한 채 어머니를 피 한 방울 섞이지 않은 남에게 맡겼으니 말이다.

이처럼 궁극적으로 우리를 묶어 주는 것은 피나 유전자, 가문의 이름, 혈통이 아니라 바로 예수님이시다. 예수님은 십자가를 통해 단순히 우리를 하나님과만 화해시킨 것이 아니라 우리 서로를 화해시키셨다. 십자가는 서로 갈라서고 나아가 적대적으로 으르렁거리는 사람들을 하나님 안에서 한 가족으로 묶어 준다. 십자가는 마리아와 요한의 경우처럼 우리의 관계를 근본적으로 바꾸어 놓는다. 십자가를 통해 우리는 믿음의 한 가족이 된다.

하나님께 마음을 향하다

"주님, 우리가 주님의 사랑 안에서
서로에게 늘 충실하게 해 주십시오.
그 무엇도 우리를 주님의 사랑에서,
그리고 우리가 서로에게 품어야 할 사랑에서
끊어 낼 수 없게 해 주십시오."

_마더 테레사, 1910-1997

하나님 뜻을 마음에 채우다

[13] 이제는 전에 멀리 있던 너희가 그리스도 예수 안에서 그리스도의 피로 가까워졌느니라 [14] 그는 우리의 화평이신지라 둘로 하나를 만드사 원수 된 것 곧 중간에 막힌 담을 자기 육체로 허시고 [15] 법조문으로 된 계명의 율법을 폐하셨으니 이는 이 둘로 자기 안에서 한 새 사람을 지어 화평하게 하시고 [16] 또 십자가로 이 둘을 한 몸으로 하나님과 화목하게 하려 하심이라 원수 된 것을 십자가로 소멸하시고 [17] 또 오셔서 먼 데 있는 너희에게 평안을 전하시고 가까운 데 있는 자들에게 평안을 전하셨으니 [18] 이는 그로 말미암아 우리 둘이 한 성령 안에서 아버지께 나아감을 얻게 하려 하심이라 [19] 그러므로 이제부터

너희는 외인도 아니요 나그네도 아니요 오직 성도들과 동일한 시민이요 하나님의 권속이라.
_에베소서 2장 13-19절

⁴⁶ 예수께서 무리에게 말씀하실 때에 그의 어머니와 동생들이 예수께 말하려고 밖에 섰더니 ⁴⁷ 한 사람이 예수께 여짜오되 보소서 당신의 어머니와 동생들이 당신께 말하려고 밖에 서 있나이다 하니 ⁴⁸ 말하던 사람에게 대답하여 이르시되 누가 내 어머니이며 내 동생들이냐 하시고 ⁴⁹ 손을 내밀어 제자들을 가리켜 이르시되 나의 어머니와 나의 동생들을 보라 ⁵⁰ 누구든지 하늘에 계신 내 아버지의 뜻대로 하는 자가 내 형제요 자매요 어머니이니라 하시더라.
_마태복음 12장 46-50절

37일

오늘, 누구를
사랑하라고 명하시는가

성경은 하나님과 우리 사이의 화해를 우리끼리의 화해와 따로 떼어서 생각할 수 없다고 분명히 말한다. 사도 바울은 유대인과 이방인의 분열에 관해 말하면서 그리스도의 십자가가 적대와 분열의 담을 허물어 이 둘로 "한 새 사람을 지어 화평하게" 하셨다고 선포했다(엡 2:14-16 참조). 그리고 예수님은 산

상수훈에서 "먼저 가서 형제와 화목하고 그 후에 와서 예물을 드리라"(마 5:24)라고 가르치셨다. 이처럼 예수님과 바울은 둘 다 하나님과 화해하기 전에 먼저 우리끼리 화해해야 한다는 점을 강조했다.

마지막으로 요한의 가르침이 있다. 십자가 아래에 서서 예수님의 명령에 따라 마리아를 자신의 어머니로 삼았던 그 요한 말이다. 그는 이렇게 말했다. "누구든지 하나님을 사랑하노라 하고 그 형제를 미워하면 이는 거짓말하는 자니 보는 바 그 형제를 사랑하지 아니하는 자는 보지 못하는 바 하나님을 사랑할 수 없느니라 우리가 이 계명을 주께 받았나니 하나님을 사랑하는 자는 또한 그 형제를 사랑할지니라"(요일 4:20-21).

예수님의 십자가는 우리가 서로, 특히 '나와 여러모로 다른 사람'과 어떻게 관계를 맺어야 하는지 그 기준을 바꾸어 놓는다. 하나님과 연합하기를 원한다면, 먼저 그분의 형상대로 창조되어 그분의 죽음으로 구속된 사람들과 연합해야 한다. 플레밍 러틀리지는 이렇게 말했다. "기독교 공동체는 차이를 따지지 않는다. 개인적인 호불호는 그리스도의 몸과 아무런 상관이 없다."

기독교 공동체는 십자가 아래에서 탄생한다. 우리는 스스로 선택해서가 아니라 예수님이 십자가 위에서 그렇게 선포하셨기 때문에 서로의 형제요, 자매다. 예수님이 먼저 우리를 사랑하셨으니 우리도 서로를 사랑해야만 한다.

하나님께 마음을 향하다

"주님, 우리가 주님의 사랑 안에서
서로에게 늘 충실하게 해 주십시오.
그 무엇도 우리를 주님의 사랑에서,
그리고 우리가 서로에게 품어야 할 사랑에서
끊어 낼 수 없게 해 주십시오."

_마더 테레사, 1910-1997

하나님 뜻을 마음에 채우다

²⁰ 누구든지 하나님을 사랑하노라 하고 그 형제를 미워하면 이는 거짓말하는 자니 보는 바 그 형제를 사랑하지 아니하는 자는 보지 못하는 바 하나님을 사랑할 수 없느니라 ²¹ 우리가 이 계명을 주께 받았나니 하나님을 사랑하는 자는 또한 그 형제를 사랑할지니라.

_요한일서 4장 20-21절

¹ 그러므로 주 안에서 갇힌 내가 너희를 권하노니 너희가 부르심을 받은 일에 합당하게 행하여 ² 모든 겸손과 온유로 하고 오래 참음으로 사랑 가운데서 서로 용납하고 ³ 평안의 매는 줄로 성령이 하나 되게 하신 것을 힘써 지키라 ⁴ 몸이 하나요 성령도 한 분이시니 이와 같이 너희가 부르심의 한 소망 안에서 부르심을 받았느니라 ⁵ 주도 한 분이시요 믿음도 하나요 세례도 하나요 ⁶ 하나님도 한 분이시니 곧 만유의 아버지시라 만유 위에 계시고 만유를 통일하시고 만유 가운데 계시도다.

_에베소서 4장 1-6절

열세 번째 순례처

죽음

십자가에서

돌아가신

예수님을 만나다

마태복음 27장 45-50절

---

45 제육시로부터 온 땅에 어둠이 임하여 제구시까지 계속되더니 **46** 제구시쯤에 예수께서 크게 소리 질러 이르시되 엘리 엘리 라마 사박다니 하시니 이는 곧 나의 하나님, 나의 하나님, 어찌하여 나를 버리셨나이까 하는 뜻이라 **47** 거기 섰던 자 중 어떤 이들이 듣고 이르되 이 사람이 엘리야를 부른다 하고 **48** 그중의 한 사람이 곧 달려가서 해면을 가져다가 신 포도주에 적시어 갈대에 꿰어 마시게 하거늘 **49** 그 남은 사람들이 이르되 가만 두라 엘리야가 와서 그를 구원하나 보자 하더라 **50** 예수께서 다시 크게 소리 지르시고 영혼이 떠나시니라.

38일

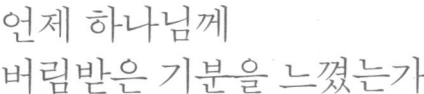

언제 하나님께
버림받은 기분을 느꼈는가

예수님은 십자가 위에서의 마지막 순간 "엘리 엘리 라마 사박다니"라고 울부짖으셨다(마 27:46). 이는 "나의 하나님, 나의 하나님 어찌하여 나를 버리셨나이까"라는 뜻이다. 예수님의 십자가 죽음을 구경하던 자들은 이것이 수세기 전 다윗 왕이 쓴 시편 22편을 인용하신 것임을 알고 있었다.

하지만 예수님은 단순히 메시아에 관한 구절을 인용함으로써 자신의 신적 정체성을 한 번 더 강조하신 것이 아니었다. 이는 어두운 세상에서 모든 영혼이 경험하는 깊은 차원의 고통을 표현하신 것이기도 했다.

이렇게 예수님은 성경 곳곳에서 나타나는 질문을 표현하셨다. 바로의 압제에 시달릴 당시 이스라엘 백성들은 하나님께 부르짖었지만 몇 백 년 동안 아무런 응답을 듣지 못했다. 욥도 전 재산과 가족, 건강까지 모두 잃고 나서 하나님께 부르짖었지만 오랫동안 아무런 응답을 받지 못했다. 절망의 구덩이에서 다윗은 하나님이 왜 자신을 버렸는지 알고 싶어 시편 22편을 썼다. 헤롯의 감옥에 갇힌 세례 요한은 하나님의 임재에 물음을 던지기 시작했다.

이 어두운 세상에서는 제아무리 강한 믿음이라도 흔들릴 때가 있다. 끔찍한 병에 걸리거나 실망스러운 일을 겪거나 불의에 희생을 당하거나 관계가 깨지는 아픔을 겪을 때, 아니 단지 살아가기가 벅찰 때도 하나님께 부르짖는다. "나의 하나님, 어찌하여 나를 버리셨나요?"

완벽한 신인 동시에 완벽한 인간이기도 하셨던 예수님은 십자가에서 부르짖으시며 그 순간 우리의 고뇌에 동참하셨다. 십자가 위에서 그분은 최악의 고통, 곧 하나님의 선하심이 느껴지지 않는 고통을 겪으셨다. 하지만 하나님은 그 아들을 영영 무덤에 버려 두시지 않았다. 셋째 날 하나님은 아들을 다시 살리셨다.

　십자가에서 예수님은 우리가 종종 느끼는 하나님께 버림받은 기분을 인정해 주셨다. 하지만 거기서 멈추지 않고 빈 무덤을 통해 더 큰 진리를 밝혀 주셨다. 바로 하나님은 결코 우리를 떠나시지도 버리시지도 않는다는 불변의 진리다.

── 하나님께 마음을 향하다 ──

"오, 지극히 높으신 하나님의 아들 예수여,
주님의 이름을 찬양합니다.
고통이 극에 이르렀을 때 아버지의 손에
영혼을 맡기셨던 그 사랑을 찬양합니다.

주님의 십자가와 보혈로

온 세상이 구원을 받았습니다. 아멘."

_제레미 테일러, 1613-1667

하나님 뜻을 마음에 채우다

¹ 내 하나님이여 내 하나님이여 어찌 나를 버리셨나이까 어찌 나를 멀리하여 돕지 아니하시오며 내 신음 소리를 듣지 아니하시나이까 ² 내 하나님이여 내가 낮에도 부르짖고 밤에도 잠잠하지 아니하오나 응답하지 아니하시나이다 ³ 이스라엘의 찬송 중에 계시는 주여 주는 거룩하시니이다 ⁴ 우리 조상들이 주께 의뢰하고 의뢰하였으므로 그들을 건지셨나이다 ⁵ 그들이 주께 부르짖어 구원을 얻고 주께 의뢰하여 수치를 당하지 아니하였나이다 ⁶ 나는 벌레요 사람이 아니라 사람의 비방 거리요 백성의 조롱거리니이다 ⁷ 나를 보는 자는 다 나를 비웃으며 입술을 비쭉거리고 머리를 흔들며 말하되 ⁸ 그가 여호와께 의탁하니 구원하실 걸, 그를 기뻐하시니 건지실 걸 하나이다 ⁹ 오직 주께서 나를 모태에서 나오게 하시고 내 어머니의 젖을 먹을 때에 의지하게 하셨나이다 ¹⁰ 내가 날 때부터 주께 맡긴 바 되었고 모태에서 나올 때부터 주는 나의 하나님이 되셨나이다 ¹¹ 나를 멀리하지 마옵소서 환난이 가까우나 도울 자 없나이다 ¹² 많은 황소가 나를 에워싸며 바산의 힘센 소들이 나를 둘러쌌으며 ¹³ 내게 그 입을

벌림이 찢으며 부르짖는 사자 같으니이다 ¹⁴ 나는 물같이 쏟아졌으며 내 모든 뼈는 어그러졌으며 내 마음은 밀랍 같아서 내 속에서 녹았으며 ¹⁵ 내 힘이 말라 질그릇 조각 같고 내 혀가 입천장에 붙었나이다 주께서 또 나를 죽음의 진토 속에 두셨나이다 ¹⁶ 개들이 나를 에워쌌으며 악한 무리가 나를 둘러 내 수족을 찔렀나이다 ¹⁷ 내가 내 모든 뼈를 셀 수 있나이다 그들이 나를 주목하여 보고 ¹⁸ 내 겉옷을 나누며 속옷을 제비 뽑나이다 ¹⁹ 여호와여 멀리하지 마옵소서 나의 힘이시여 속히 나를 도우소서.

_시편 22편 1-19절

³⁸ 내가 확신하노니 사망이나 생명이나 천사들이나 권세자들이나 현재 일이나 장래 일이나 능력이나 ³⁹ 높음이나 깊음이나 다른 어떤 피조물이라도 우리를 우리 주 그리스도 예수 안에 있는 하나님의 사랑에서 끊을 수 없으리라.

_로마서 8장 38-39절

39일

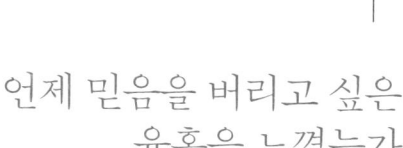

언제 믿음을 버리고 싶은
유혹을 느꼈는가

예수님은 십자가 위에서 마지막으로 "다 이루었다"라고 말씀하신다. 그런데 우리는 이 말씀을 다 끝났다는 뜻으로 받아들이곤 한다. 예수님이 지긋지긋한 십자가의 고난과 굴욕이 마침내 끝났다는 뜻으로 이 말씀을 하신 것일까? 물론 그런 면도 있겠지만 이 말씀에는 훨씬 더 깊은 의미가 있다.

예수님이 이루기 위해 이 땅에 오신 사명을 이제 다 이루었다는 뜻이다. 단순히 끝난 것이 아니라 '완성'된 것이다. 이 구절에서 창세기의 창조 기사에 나오는 말씀이 떠오른다. "하나님이 그가 하시던 일을 일곱째 날에 마치시니"(창 2:2). N. T. 라이트에 따르면, "하나님은 그 일이 지루해서 그만두신 것이 아니라 모든 일을 마치신 것이다."

이 같은 하나님의 특성은 성경에서 계속해서 드러난다. 하나님은 일을 마칠 때까지 쉬지 않으시는 분이다. 이 사실에 우리는 이루 말할 수 없는 소망을 품을 수 있다. 우리 주변 혹은 내면에서 너무 느리게 변화가 일어나다 보면 의심의 구름이 피어오르기 마련이다. 하지만 사도 바울은 하나님이 우리 안에서 선한 일을 시작하셨으며 그 일을 끝까지 "이루실" 것이라고 말한다. 하나님은 우리 안에서 시작하신 일을 "다 이루었다"라고 선포하실 날까지 쉬지 않으실 것이다.

──── 하나님께 마음을 향하다 ────

"오, 지극히 높으신 하나님의 아들 예수여,
주님의 이름을 찬양합니다.
고통이 극에 이르렀을 때 아버지의 손에
영혼을 맡기셨던 그 사랑을 찬양합니다.
주님의 십자가와 보혈로
온 세상이 구원을 받았습니다. 아멘."

_제레미 테일러, 1613-1667

──── 하나님 뜻을 마음에 채우다 ────

[27] 야곱아 어찌하여 네가 말하며 이스라엘아 네가 이르기를 내 길은 여호와께 숨겨졌으며 내 송사는 내 하나님에게서 벗어난다 하느냐 [28] 너는 알지 못하였느냐 듣지 못하였느냐 영원하신 하나님 여호와, 땅끝까지 창조하신 이는 피곤하지 않으시며 곤비하지 않으시며 명철이 한이 없으시며 [29] 피곤한 자에게는 능력을 주시며 무능한 자에게는 힘을 더하시나니 [30] 소년이라도 피곤하며 곤비하며 장정이라도 넘어지며 쓰러지되 [31] 오직 여호와를 앙망하는 자는 새 힘을 얻으리니 독수리가 날개치며 올라감 같을 것이요 달음박질하여도 곤비하지 아니하겠고 걸어가

도 피곤하지 아니하리로다.
_이사야 40장 27-31절

³ 내가 너희를 생각할 때마다 나의 하나님께 감사하며 ⁴ 간구할 때마다 너희 무리를 위하여 기쁨으로 항상 간구함은 ⁵ 너희가 첫날부터 이제까지 복음을 위한 일에 참여하고 있기 때문이라 ⁶ 너희 안에서 착한 일을 시작하신 이가 그리스도 예수의 날까지 이루실 줄을 우리는 확신하노라.
_빌립보서 1장 3-6절

40일

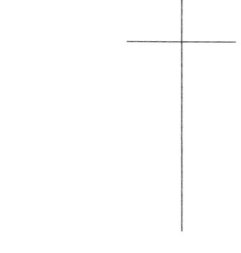

무엇을
맡기지 못하고 있는가

예수님의 십자가의 길은 처음 시작할 때와 마찬가지로 아버지께 자신을 온전히 맡기면서 끝이 났다. 겟세마네 동산에서 예수님은 아버지의 뜻에 순종하여 자신에게 주어진 잔을 받아들이셨다. 그리고 이제 마지막으로 십자가 위에서 큰 소리로 부르짖으셨다. "아버지 내 영혼을 아버지 손에 부탁하나이다"(눅 23:46).

십자가의 길의 각 지점마다 그분은 항상 아버지께 자신을 맡기셨다. 아버지의 선하심이 모든 악을 이길 줄 알기에 주저 없이 자신의 생명을 아버지 손에 맡기셨다.

하지만 우리는 하나님께 자신을 맡기지 못하고 우리가 가장 아끼는 것이 우리 손안에 있을 때 가장 안전하다고 착각할 때가 얼마나 많은가. 우리는 귀한 것들을 하늘 아버지께 내어 드리기를 한사코 거부한다. 우리는 만사를 스스로 통제할 수 있다고 착각하며 산다. 우리 입에서 마지막 숨이 나갈 때 결국 모든 것을, 우리의 영혼까지도 다 하나님의 손에 넘겨야 한다는 사실을 깨닫지 못하고서 말이다.

이 운명을 피할 수 없는데 왜 우리는 당장 모든 것을 하나님께 맡기지 못하는가? 우리 모두가 결국 죽어야 하건만 왜 우리는 당장 나에 대해서 죽지도 내 전부를 하나님의 은혜로운 손 위에 내려놓지도 못하는가?

그것은 우리가 아직 하늘 아버지의 선하심을 제대로 보지 못했기 때문이다. 하나님이 내 가장 아끼는 것을 맡겨도 좋은 분이시라는 확신이 없기 때문이다. 하지만 예수님의 십자가의 길에서 다른 것은 몰라도 하늘 아버지께 모든 것을 맡겨도 좋다는 사실만큼은 확실히 배울 수 있다. 우리의 안위, 평판, 관계, 존엄, 몸, 생명까지 모든 것이 우리의 손보다 하나님의 손안에 있는 편이 훨씬 더 안전하다.

하나님께 마음을 향하다

"오, 지극히 높으신 하나님의 아들 예수여,
주님의 이름을 찬양합니다.
고통이 극에 이르렀을 때 아버지의 손에
영혼을 맡기셨던 그 사랑을 찬양합니다.
주님의 십자가와 보혈로
온 세상이 구원을 받았습니다. 아멘."

_제레미 테일러, 1613-1667

하나님 뜻을 마음에 채우다

²² 그는 죄를 범하지 아니하시고 그 입에 거짓도 없으시며 ²³ 욕을 당하시되 맞대어 욕하지 아니하시고 고난을 당하시되 위협하지 아니하시고 오직 공의로 심판하시는 이에게 부탁하시며 ²⁴ 친히 나무에 달려 그 몸으로 우리 죄를 담당하셨으니 이는 우리로 죄에 대하여 죽고 의에 대하여 살게 하려 하심이라 그가 채찍에 맞음으로 너희는 나음을 얻었나니 ²⁵ 너희가 전에는 양과 같이 길을 잃었더니 이제는 너희 영혼의 목자와 감독 되신 이에게 돌아왔느니라.
_베드로전서 2장 22-25절

우리가 그에게서 듣고 너희에게 전하는 소식은 이것이니 곧 하나님은 빛이시라 그에게는 어둠이 조금도 없으시다는 것이니라.
_요한일서 1장 5절

41일

신앙 때문에 자유를 잃을까 봐 부담스러운가

우리는 통제력과 힘, 자기결정권이 자유로운 삶을 영위하는 열쇠라고 배우며 자라 왔다. 하지만 십자가는 완전히 다른 길을 보여 준다. 십자가 위에서 예수님은 자신의 힘과 통제력, 모든 지배욕을 내려놓으셨다.

이 십자가의 길은 그분 스스로 선택하신 것이

아니라 아버지께서 정해 주신 것이었다. 스스로 결정하는 것이 곧 자유라고 믿어 온 이 시대 사람들에게 예수님의 길은 너무도 어리석게만 보인다. 왜 우리가 스스로 선택하지도 않은 신을 받아들여야 하는가? 그런 삶이 어떻게 자유로울 수 있는가?

그런데 아버지께서 예수님을 위해 이 운명을 정하기는 하셨지만 예수님도 스스로 이 운명을 선택하는 법을 배우셨다는 사실을 알아야 한다. 이를 통해 예수님은 진정한 자유는 단순히 스스로 결정하는 것이 아니라 스스로 선택하지 않은 것을 선택하고 스스로 원하지 않은 것을 받아들일 힘이라는 점을 보여 주신다.

자크 필립은 이 점을 다음과 같이 설명했다.

└ 인간이 누릴 수 있는 가장 지고하고도 유익한 형태의 자유는 '지배'보다 오히려 '받아들임'에 있다. 물론 우리가 처한 현실을 스스로 변화시킬 수 있는 것은 큰 자유다. 그러나 매일 주어지는 대로 현실을 믿음으로 받아들이는 것은 더 큰 자유다. ……
　진정한 내적 자유를 얻으려면 우리의 자유에

반하는 것처럼 보이는 많은 것을 기꺼이 받아들일 수 있도록 자신을 훈련시켜야 한다. 이는 우리의 개인적인 한계, 약점, 무력함을 인정한다는 뜻이다. …… 이렇게 하기가 쉽지는 않다. 스스로 통제할 수 없는 상황을 싫어하는 것이 우리의 자연적인 성향이기 때문이다. 하지만 우리를 진정으로 성장하게 만드는 상황은 바로 우리가 통제할 수 없는 상황이다.

하나님께 마음을 향하다

"오, 지극히 높으신 하나님의 아들 예수여,
주님의 이름을 찬양합니다.
고통이 극에 이르렀을 때 아버지의 손에
영혼을 맡기셨던 그 사랑을 찬양합니다.
주님의 십자가와 보혈로
온 세상이 구원을 받았습니다. 아멘."

_제레미 테일러, 1613-1667

── 하나님 뜻을 마음에 채우다 ──

²² 이르시되 인자가 많은 고난을 받고 장로들과 대제사장들과 서기관들에게 버린 바 되어 죽임을 당하고 제삼일에 살아나야 하리라 하시고 ²³ 또 무리에게 이르시되 아무든지 나를 따라오려거든 자기를 부인하고 날마다 제 십자가를 지고 나를 따를 것이니라 ²⁴ 누구든지 제 목숨을 구원하고자 하면 잃을 것이요 누구든지 나를 위하여 제 목숨을 잃으면 구원하리라 ²⁵ 사람이 만일 온 천하를 얻고도 자기를 잃든지 빼앗기든지 하면 무엇이 유익하리요.
_누가복음 9장 22-25절

[7] 그러나 무엇이든지 내게 유익하던 것을 내가 그리스도를 위하여 다 해로 여길뿐더러 [8] 또한 모든 것을 해로 여김은 내 주 그리스도 예수를 아는 지식이 가장 고상하기 때문이라 내가 그를 위하여 모든 것을 잃어버리고 배설물로 여김은 그리스도를 얻고 [9] 그 안에서 발견되려 함이니 내가 가진 의는 율법에서 난 것이 아니요 오직 그리스도를 믿음으로 말미암은 것이니 곧 믿음으로 하나님께로부터 난 의라 [10] 내가 그리스도와 그 부활의 권능과 그 고난에 참여함을 알고자 하여 그의 죽으심을 본받아 [11] 어떻게 해서든지 죽은 자 가운데서 부활에 이르려 하노니.
_빌립보서 3장 7-11절

열네 번째 순례처

패배

장사 지낸 바 되신

예수님을

만나다

요한복음 19장 38-42절

---

38 아리마대 사람 요셉은 예수의 제자이나 유대인이 두려워 그것을 숨기더니 이 일 후에 빌라도에게 예수의 시체를 가져가기를 구하매 빌라도가 허락하는지라 이에 가서 예수의 시체를 가져가니라 39 일찍이 예수께 밤에 찾아왔던 니고데모도 몰약과 침향 섞은 것을 백 리트라쯤 가지고 온지라 40 이에 예수의 시체를 가져다가 유대인의 장례 법대로 그 향품과 함께 세마포로 쌌더라 41 예수께서 십자가에 못 박히신 곳에 동산이 있고 동산 안에 아직 사람을 장사한 일이 없는 새 무덤이 있는지라 42 이날은 유대인의 준비일이요 또 무덤이 가까운 고로 예수를 거기 두니라.

42일

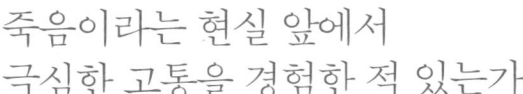

죽음이라는 현실 앞에서 극심한 고통을 경험한 적 있는가

이것은 기독교에서 가장 논란이 분분하고 이해하기 힘든 교리 중 하나다. 합리적인 종교인들에게 하나님이 여느 인간처럼 죽어서 장사되실 수 있다는 개념은 도저히 받아들이기 힘든 개념이다.

그래서 이슬람교는 예수님이 십자가에서 돌아가신 것처럼 보였을 뿐이지 사실은 돌아가시기 전에 하늘로 옮겨졌다는 말로 논란을 피해 간다. 불교는 고통과 죽음을 '초월해야 할 환영'일 뿐이라고 설명한다. 심지어 초대 교인들 중 일부도 죽은 메시아라는 개념을 받아들일 수 없어 사실상 그리스도께서는 육체적으로 죽을 수 있는 인간이 아니었다는 영지주의 이단에 빠져들었다.

신을 강력한 불멸의 존재로 보던 시대에 살았던 그리스도인들은, 로마의 십자가 위에서 죽은 유대인 목수를 숭배한다는 이유로 조롱을 받았다. 당시 예수님의 죽음은 신성한 사건이 아니라 수치스러운 사건일 뿐이었다. 새로운 종교를 창시하려면 이런 사건을 조작하기는커녕 이런 사건이 일어났다 해도 쉬쉬해야 옳았다.

하지만 복음서 기자들과 사도들은 거리낌 없이 말했다. 분명 예수님은 "하나님께서 그분[예수님]의 안에 모든 충만함을 머무르게 하시기를 기뻐하신" 성육신한 육체적 존재셨고(골 1:19 참조-새번역), 십자가에서 죽으셨으며, 장사되셨다.

진정한 기독교는 죽음이라는 반갑지 않은 현실을 피하지 않는다. 죽음은 초월해야 할 환영도 아니요, 불경건한 육신들에게만 닥치는 숙명도 아니다. 죽음은 모든 피조물을 덮치는 최대의 적이다. 죽음의 저주 아래 온 우주가 신음하며 구원을 갈망한다.

예수님은 죽음에 동참함으로써 인간의 삶을 온전히 경험하셨다. 예수님은 이 망가진 세상의 쓰디쓴 삶을 가감 없이 맛보셨다. 죽음을 부인하려는 다른 종교들과 달리 오직 기독교만은 현재의 고통이라는 현실을 인정한다. 단, 예수님의 시신이 영영 무덤에 머물지 않은 것처럼 우리의 이야기도 절대 고통으로 얼룩진 삶에서 끝나지 않는다.

하나님께 마음을 향하다

"주님은 가장 큰 사랑이 친구를 위해
목숨을 내어놓는 것이라고 가르치셨습니다.
하지만 원수를 위해 목숨을 내어놓으셨으니
주님의 사랑은 그보다도 더 큽니다.
그런 사랑은 예전에도 없었고
앞으로도 없을 것입니다. 아멘."

_클레르보의 베르나르, 1090-1153

─── 하나님 뜻을 마음에 채우다 ───

²³ 예수께서 대답하여 이르시되 인자가 영광을 얻을 때가 왔도다 ²⁴ 내가 진실로 진실로 너희에게 이르노니 한 알의 밀이 땅에 떨어져 죽지 아니하면 한 알 그대로 있고 죽으면 많은 열매를 맺느니라.

_요한복음 12장 23-24절

¹ 그런즉 우리가 무슨 말을 하리요 은혜를 더하게 하려고 죄에 거하겠느냐 ² 그럴 수 없느니라 죄에 대하여 죽은 우리가 어찌 그 가운데 더 살리요 ³ 무릇 그리스도 예수와 합하여 세례를 받은 우리는 그의 죽으심과 합하여 세례를 받은 줄을 알지 못하느냐 ⁴ 그러므로 우리가 그의 죽으심과 합하여 세례를 받음으로 그와 함께 장사되었나니 이는 아버지의 영광으로 말미암아 그리스도를 죽은 자 가운데서 살리심과 같이 우리로 또한 새 생명 가운데서 행하게 하려 함이라 ⁵ 만일 우리가 그의 죽으심과 같은 모양으로 연합한 자가 되었으면 또한 그의 부활과 같은 모양으로 연합한 자도 되리라 ⁶ 우리가 알거니와 우리의 옛 사람이 예수와 함께 십자가에 못 박힌 것은 죄의 몸이 죽어 다시는 우리가 죄에게 종 노릇 하지 아니하려 함이니.

_로마서 6장 1-6절

43일

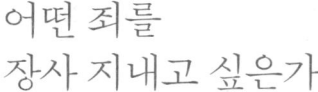

어떤 죄를
장사 지내고 싶은가

어떤 그리스도인들은 십자가에 너무 집착한다. 그들은 우리 죄를 대신하신 예수님의 희생적인 죽음, 다양한 대속 이론, 하나님의 진노의 정확한 궤적에 초점을 맞춘다. 그런가 하면 부활에 관한 이야기를 훨씬 많이 하는 이들도 있다. 그들은 예수님이 죽음을 이기셨고, 덕분에 우리가 그분의 능력으로 승리를 경험할 수 있으며, 하나님의 적들이 무너질 수 있다는 사실에 주목하며 기뻐한다.

하지만 십자가와 부활 사이에서 일어난 일을 이야기하는 이들은 별로 없다. 예수님의 장례에 특별히 관심을 기울이는 사람은 별로 없다. 하지만 복음서 기자들에게는 그 일이 자세히 기록할 만큼 중요한 일이었다. 사도 바울은 복음을 전할 때 그 일을 특별히 언급했으며(고전 15:3-4 참조), 교회가 초기부터 암송해 온 신경들에서도 그 일을 언급했다. 지금 우리도 예배 중에 정기적으로 그리스도의 장사를 기념한다. 물론 그것을 인식하고 있는 사람들은 별로 없지만 말이다.

세례를 베푸는 것이 곧 예수님의 장사를 기념하는 것이다. 그 옛날 물에 몸을 담그는 것은 죽음과 장사를 상징하는 의식이었다. 기독교의 세례식은 신자가 새로운 생명으로 다시 살아나기 전에 그리스도와 함께 장사된다는 의미다(롬 6:4 참조). 바울이 분명히 지적했듯이 우리는 죽음과 장사를 피함으로써 영생을 얻는 것이 아니다. 우리의 죽음과 장사는 그리스도의 죽음과 장사를 통해 이미 이루어졌다. 세례는 이 사실을 인정하고 재연하는 의식이다.

악의 노예로 사로잡혔던 우리의 옛 자아는 죽었다. 이미 장사되었다. 옛 자아는 무덤 속에 영원히 갇혀 다시는 돌아오지 않는다. 그래서 이제 우리는 하나님과 함께 자유롭게 새로운 삶을 살 수 있다. 그러니 무덤을 잊지 말자. 무덤 없이는 복음도 없다.

하나님께 마음을 향하다

"주님은 가장 큰 사랑이 친구를 위해
목숨을 내어놓는 것이라고 가르치셨습니다.
하지만 원수를 위해 목숨을 내어놓으셨으니
주님의 사랑은 그보다도 더 큽니다.
그런 사랑은 예전에도 없었고
앞으로도 없을 것입니다. 아멘."

_클레르보의 베르나르, 1090-1153

하나님 뜻을 마음에 채우다

내가 그리스도와 함께 십자가에 못 박혔나니 그런즉 이제는 내가 사는 것이 아니요 오직 내 안에 그리스도께서 사시는 것이라 이제 내가 육체 가운데 사는 것은 나를 사랑하사 나를 위하여 자기 자신을 버리신 하나님의 아들을 믿는 믿음 안에서 사는 것이라.
_**갈라디아서 2장 20절**

[1] 그런즉 우리가 무슨 말을 하리요 은혜를 더하게 하려고 죄에 거하겠느냐 [2] 그럴 수 없느니라 죄에 대하여 죽은 우리가 어찌 그 가운데 더 살리요 [3] 무릇 그리스도 예수와 합하여 세례를 받은 우리는 그의 죽으심과 합하여 세례를 받은 줄을 알지 못하느냐 [4] 그러므로 우리가 그의 죽으심과 합하여 세례를 받음으로 그와 함께 장사되었나니 이는 아버지의 영광으로 말미암아 그리스도를 죽은 자 가운데서 살리심과 같이 우리로 또한 새 생명 가운데서 행하게 하려 함이라 [5] 만일 우리가 그의 죽으심과 같은 모양으로 연합한 자가 되었으면 또한 그의 부활과 같은 모양으로 연합한 자도 되리라 [6] 우리가 알거니와 우리의 옛 사람이 예수와 함께 십자가에 못 박힌 것은 죄의 몸이 죽어 다시는 우리가 죄에게 종 노릇 하지 아니하려 함이니.
_**로마서 6장 1-6절**

44일

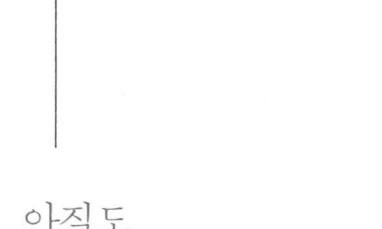

아직도
죽지 못한 부분이 있는가

디트리히 본회퍼는 "그리스도의 부름은 와서 죽으라는 부름이다"라는 말을 했다. 아마도 이것이 이 땅에서 예수님의 사역이 끝날 무렵 거의 모든 사람이 그분을 버린 이유가 아닐까 싶다. 예수님을 따르는 길은 세상에서 앞서가는 길이 아니다. "와서 죽으라." 이 초대는 2천 년 전이나 지금이나 여전히 반갑지 않는 초대다. 이 초대에 딸린 자유를 이해하지 못하면 눈살을 찌푸릴 수밖에 없다.

로마서 6장에서 사도 바울은 그리스도와 연합한 사람들이 죽음을 통해 그분과 연합한 것이라고 말한다(3, 5, 8절 참조). 우리는 그리스도와 함께 십자가 위에서 죽어 장사 지낸 바 되었다. 죽음은 우리에게 문제와 기회를 동시에 던진다. 일단, 죽으면 우리가 가진 모든 재물과 자원, 심지어 육체까지도 다 잃는다. 우리가 죽는 순간, 소유권 이전이 일어난다. 우리의 소유였던 모든 것이 새 주인의 손에 넘어갈 수밖에 없다. 이것이 우리가 죽음을 그토록 두려워하는 이유다. 죽음은 우리에게서 말 그대로 전부를 앗아 간다.

그런데 바로 이것이 그리스도의 초대다. 와서 모든 것을 내려놓으라. 죽는 순간, 한때 우리의 소유였던 모든 것이 새 주인에게로 넘어간다. 그리스도와 함께 죽는 순간, 우리를 사로잡았던 모든 것에서 해방되어 하나님께 온전히 속할 수 있다.

하나님께 마음을 향하다

"주님은 가장 큰 사랑이 친구를 위해
목숨을 내어놓는 것이라고 가르치셨습니다.
하지만 원수를 위해 목숨을 내어놓으셨으니
주님의 사랑은 그보다도 더 큽니다.
그런 사랑은 예전에도 없었고
앞으로도 없을 것입니다. 아멘."

_클레르보의 베르나르, 1090-1153

하나님 뜻을 마음에 채우다

[11] 미쁘다 이 말이여 우리가 주와 함께 죽었으면 또한 함께 살 것이요 [12] 참으면 또한 함께 왕 노릇 할 것이요 우리가 주를 부인하면 주도 우리를 부인하실 것이라 [13] 우리는 미쁨이 없을지라도 주는 항상 미쁘시니 자기를 부인하실 수 없으시리라.

_디모데후서 2장 11-13절

¹ 그런즉 우리가 무슨 말을 하리요 은혜를 더하게 하려고 죄에 거하겠느냐 ² 그럴 수 없느니라 죄에 대하여 죽은 우리가 어찌 그 가운데 더 살리요 ³ 무릇 그리스도 예수와 합하여 세례를 받은 우리는 그의 죽으심과 합하여 세례를 받은 줄을 알지 못하느냐 ⁴ 그러므로 우리가 그의 죽으심과 합하여 세례를 받음으로 그와 함께 장사되었나니 이는 아버지의 영광으로 말미암아 그리스도를 죽은 자 가운데서 살리심과 같이 우리로 또한 새 생명 가운데서 행하게 하려 함이라 ⁵ 만일 우리가 그의 죽으심과 같은 모양으로 연합한 자가 되었으면 또한 그의 부활과 같은 모양으로 연합한 자도 되리라 ⁶ 우리가 알거니와 우리의 옛 사람이 예수와 함께 십자가에 못 박힌 것은 죄의 몸이 죽어 다시는 우리가 죄에게 종 노릇 하지 아니하려 함이니 ⁷ 이는 죽은 자가 죄에서 벗어나 의롭다 하심을 얻었음이라 ⁸ 만일 우리가 그리스도와 함께 죽었으면 또한 그와 함께 살 줄을 믿노니 ⁹ 이는 그리스도께서 죽은 자 가운데서 살아나셨으매 다시 죽지 아니하시고 사망이 다시 그를 주장하지 못할 줄을 앎이로라 ¹⁰ 그가 죽으심은 죄에 대하여 단번에 죽으심이요 그가 살아 계심은 하나님께 대하여 살아 계심이니 ¹¹ 이와 같이 너희도 너희 자신을 죄에 대하여는 죽은 자요 그리스도 예수 안에서 하나님께 대하여는 살아 있는 자로 여길지어다.

_로마서 6장 1-11절

열다섯 번째 순례처

평강

부활하신

예수님을

만나다

요한복음 20장 19-21절

---

19 이날 곧 안식 후 첫날 저녁 때에 제자들이 유대인들을 두려워하여 모인 곳의 문들을 닫았더니 예수께서 오사 가운데 서서 이르시되 너희에게 평강이 있을지어다 **20** 이 말씀을 하시고 손과 옆구리를 보이시니 제자들이 주를 보고 기뻐하더라 **21** 예수께서 또 이르시되 너희에게 평강이 있을지어다 아버지께서 나를 보내신 것같이 나도 너희를 보내노라.

45일

어떤 부분에서
하나님의 평강이 간절한가

예수님이 부활하시던 날 제자들은 굳게 닫힌 문 뒤에 숨어 있었다. 주님을 살해한 권력자들이 자신들에게도 칼을 휘두를지 모른다는 두려움이 그들을 옭아매고 있었다. 요한의 기록에 따르면, 그들이 닫힌 문 뒤에서 벌벌 떨고 있을 때 "예수께서 오사 가운데 서서 이르시되 너희에게 평강이 있을지어

다"(요 20:19)라고 말씀하셨다.

이 제자들처럼 우리도 닫힌 문 뒤에 스스로를 가두고 있다. 스스로 만든 두려움의 감옥에 숨어 있다. 거부나 굴욕, 해를 당할지 모른다는 두려움. 우리의 비밀이나 거짓말, 죄가 드러날 것이라는 두려움. 이런 닫힌 문은 남들이 우리의 진짜 모습을 알지 못하도록 막기도 하지만, 우리가 남들을 사랑하지 못하도록 막기도 한다. 두려움의 감옥은 달리 표현하면 외로운 자기중심주의의 감옥과 같다.

하지만 부활하신 그리스도는 닫힌 문 따위는 신경 쓰시지 않는다. 그분의 출입을 막을 문이나 울타리, 담은 어디에도 없다. 그분은 원하시면 언제 어디라도 마음대로 들어갈 권위와 능력을 갖고 계신다. 이 세상 권력자들이 죽음의 족쇄를 채워 그분을 무덤에 가두어 놓으려고 했지만 그분은 끝내 죽음의 속박을 끊고 돌문을 굴려 치워 버리셨다.

그 옛날, 마치 문이 없는 것처럼 제자들이 숨은 은신처로 들어가셨던 예수님이 지금도 두려움에 떠는 우리 가운데로 들어오셔서 평강을 선포하신다.

---── 하나님께 마음을 향하다 ────

"오, 하나님 아버지, 주님은 끌 수 없는 빛이시며,
지금 우리에게 모든 어두움을 몰아내는 빛을 주십니다.
부활하신 주님의 빛이
둔한 우리 마음 구석구석을 비추게 해 주십시오."

_칼 바르트, 1886-1968

───── 하나님 뜻을 마음에 채우다 ─────

⁴ 주 안에서 항상 기뻐하라 내가 다시 말하노니 기뻐하라 ⁵ 너희 관용을 모든 사람에게 알게 하라 주께서 가까우시니라 ⁶ 아무것도 염려하지 말고 다만 모든 일에 기도와 간구로, 너희 구할 것을 감사함으로 하나님께 아뢰라 ⁷ 그리하면 모든 지각에 뛰어난 하나님의 평강이 그리스도 예수 안에서 너희 마음과 생각을 지키시리라.

_빌립보서 4장 4-7절

⁸ 나의 유리함을 주께서 계수하셨사오니 나의 눈물을 주의 병에 담으소서 이것이 주의 책에 기록되지 아니하였나이까 ⁹ 내가 아뢰는 날에 내 원수들이 물러가리니 이것으로 하나님이 내 편이심을 내가 아나이다 ¹⁰ 내가 하나님을 의지하여 그의 말씀을 찬송하며 여호와를 의지하여 그의 말씀을 찬송하리이다 ¹¹ 내가 하나님을 의지하였은즉 두려워하지 아니하리니 사람이 내게 어찌하리이까.

_시편 56편 8-11절

4 6 일

무엇이
가장 겁나는가

예수님은 닫힌 문 뒤에 숨어 있던 제자들에게 나타나 "너희에게 평강이 있을지어다"라고 선포하셨다. 이것은 그저 반가운 인사 정도가 아니었다. 예수님은 겁에 질린 친구들에게 가장 필요한 것을 주신 것이다. 바로 평강이다. 예수님은 그분이 이미 죽음을 이기고 모든 원수를 굴복시켰기 때문에 아무것도 겁낼 것 없다고 말씀하신다. 죽음도 어쩌지 못하는 우리 주님이 계신데 천하에 무서울 것이 무엇인가.

예수님은 제자들에게 평강을 선포하시면서 못 자국이 난 손과 옆구리도 보여 주셨다. 그렇게 최악의 상황을 당하셨던 분으로서 제자들의 두려움을 말끔히 씻어 주셨다. 우리가 가장 두려워하는 모든 것, 거부와 굴욕, 고문, 심지어 불의까지도 예수님은 다 겪어서 아신다. 예수님은 제자들에게 그런 고난의 증거를 보여 주시며 상처 난 손으로 그들을 축복하셨다.

예수님은 우리에게 말씀하신다. "네가 두려워하는 것을 안다. 네 두려움을 이해한다. 이 세상에는 악이 들끓고 끔찍한 일들이 벌어지지. 봐라. 나도 이 세상이 가할 수 있는 모든 해를 경험했다. 하지만 그 모든 것을 이겨 냈다. 나를 통해 너도 세상을 이길 수 있다. 내 평강을 네게 준다."

예수님의 부활하심 덕분에 우리도 평강을 알 수 있다. 우리는 두려움의 감옥에서 벗어나 진정한 온전함, 번영, 평강을 누릴 수 있다.

하나님께 마음을 향하다

"오, 하나님 아버지, 주님은 끌 수 없는 빛이시며,
지금 우리에게 모든 어두움을 몰아내는 빛을 주십니다.
부활하신 주님의 빛이
둔한 우리 마음 구석구석을 비추게 해 주십시오."

_칼 바르트, 1886-1968

하나님 뜻을 마음에 채우다

³¹ 예수께서 대답하시되 이제는 너희가 믿느냐 ³² 보라 너희가 다 각각 제 곳으로 흩어지고 나를 혼자 둘 때가 오나니 벌써 왔도다 그러나 내가 혼자 있는 것이 아니라 아버지께서 나와 함께 계시느니라 ³³ 이것을 너희에게 이르는 것은 너희로 내 안에서 평안을 누리게 하려 함이라 세상에서는 너희가 환난을 당하나 담대하라 내가 세상을 이기었노라.

_요한복음 16장 31-33절

[8] 끝으로 형제들아 무엇에든지 참되며 무엇에든지 경건하며 무엇에든지 옳으며 무엇에든지 정결하며 무엇에든지 사랑받을 만하며 무엇에든지 칭찬받을 만하며 무슨 덕이 있든지 무슨 기림이 있든지 이것들을 생각하라 [9] 너희는 내게 배우고 받고 듣고 본 바를 행하라 그리하면 평강의 하나님이 너희와 함께 계시리라.

_빌립보서 4장 8-9절

47일

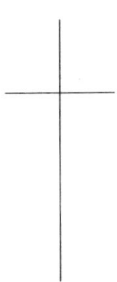

오늘, 어디서
예수님을 뵈었는가

"배 오른편에 그물을 던져라!" 해변에서 예수님은 제자들에게 그렇게 소리치셨다. 물론 제자들은 그것이 명령인 줄 전혀 깨닫지 못했다.

예수님이 십자가에서 돌아가시고 난 뒤에 제자들은 갈릴리 바다에서의 고기잡이로 돌아왔다. 그런데 그들이 예수님의 말씀대로 그물을 던지는 순간 물고기가 가득 차서 배가 가라앉을 지경이 되었다. 양손으로 그물의 묵직한 무게를 느끼던 요한. 그 순간, 그의 머릿속에 퍼뜩 한 가지 생각이 스치고 지나가지 않았을까? '맞아. 전에도 똑같은 일이 있었지!'

몇 년 전 그는 야고보, 베드로와 함께 고깃배를 타고 갈릴리 바다로 나갔지만 작은 물고기 한 마리조차 건지지 못했다. 그런데 해변에서 한 랍비가 나타나 그들에게 한 번 더 그물을 던지라고 외쳤다. 그 말대로 했더니 평생 처음 보는 엄청난 만선을 경험했다. 그 기억이 머릿속을 스치고 지나가는 순간, 요한은 해변 위에 선 남자의 실루엣을 보았고 주저 않고 외쳤다. "주님이시다!"

수많은 물음과 의심, 두려움으로 가득한 이 어두운 세상에서는 예수님을 보기가 어렵다. 하지만 가끔 우리는 그분을 알아본다. 눈을 통해서가 아니라 그분의 능력이 나타남을 통해 그분을 만난다. 배 위의 제자들은 기적적인 만선을 통해 그분을 알아보았다. 그들은 그분의 행동을 통해 그분을 알아보았다.

오늘날 우리도 이와 같은 식으로 '부활하신 예수님'을 마주치곤 한다. 눈으로 그분을 보거나 귀로 그분의 음성을 듣는 것은 아니지만, 세상 속에 분명히 나타난 그분의 행하심을 통해 그분을 알아보곤 한다. 우리의 영혼을 울리고 우리의 정신을 깨우는 그분의 역사를 통해 그분을 본다. 모든 아름다운 광경과 연민 가득한 행동, 정의의 실천, 희생적인 사랑의 선물을 볼 때마다 우리는 외친다. "주님이시다!"

하나님께 마음을 향하다

"오, 하나님 아버지, 주님은 끌 수 없는 빛이시며,
지금 우리에게 모든 어두움을 몰아내는 빛을 주십니다.
부활하신 주님의 빛이
둔한 우리 마음 구석구석을 비추게 해 주십시오."

_칼 바르트, 1886-1968

하나님 뜻을 마음에 채우다

¹ 그 후에 예수께서 디베랴 호수에서 또 제자들에게 자기를 나타내셨으니 나타내신 일은 이러하니라 ² 시몬 베드로와 디두모라 하는 도마와 갈릴리 가나 사람 나다나엘과 세베대의 아들들과 또 다른 제자 둘이 함께 있더니 ³ 시몬 베드로가 나는 물고기 잡으러 가노라 하니 그들이 우리도 함께 가겠다 하고 나가서 배에 올랐으나 그날 밤에 아무것도 잡지 못하였더니 ⁴ 날이 새어갈 때에 예수께서 바닷가에 서셨으나 제자들이 예수이신 줄 알지 못하는지라 ⁵ 예수께서 이르시되 얘들아 너희에게 고기가 있느냐 대답하되 없나이다 ⁶ 이르시되 그물을 배 오른편에 던지라 그리하면 잡으리라 하시니 이에 던졌더니 물고기가 많아 그물을 들 수 없더라 ⁷ 예수께서 사랑하시는 그 제자가 베드로에게 이르되 주님이시라 하니 시몬 베드로가 벗고 있다가 주님이라 하는 말을 듣고 겉옷을 두른 후에 바다로 뛰어 내리더라 ⁸ 다른 제자들은 육지에서 거리가 불과 한 오십 칸쯤 되므로 작은 배를 타고 물고기 든 그물을 끌고 와서 ⁹ 육지에 올라 보니 숯불이 있는데 그 위에 생선이 놓였고 떡도 있더라 ¹⁰ 예수께서 이르시되 지금 잡은 생선을 좀 가져오라 하시니 ¹¹ 시몬 베드로가 올라가서 그물을 육지에 끌어 올리니 가득히 찬 큰 물고기가 백쉰세 마리라 이같이 많으나 그물이 찢어지지 아니하였더라 ¹² 예수께서 이르시되 와서 조반을 먹으라 하시니 제자들이 주님이신 줄 아는 고로 당신이 누구냐 감히 묻는 자가 없더라 ¹³ 예수께서 가서서 떡을 가져다가 그들에게 주시고 생선도 그와 같이 하시니라 ¹⁴ 이것은 예수께서

죽은 자 가운데서 살아나신 후에 세 번째로 제자들에게 나타나신 것이라.
_요한복음 21장 1-14절

믿음은 바라는 것들의 실상이요 보이지 않는 것들의 증거니.
_히브리서 11장 1절

48일

예수님께로 가기 위해 어느 한길만 고집하는가

요한이 해변에 서 있는 사람이 부활하신 예수님이라는 사실을 알아채고 말했을 때 베드로는 충동적으로 반응했다. 벗고 있던 베드로는 당장 그물을 내려놓고 겉옷을 두른 후 올린 뒤에 다짜고짜 물로 뛰어들었다. 이성적인 사람이라면 입고 있던 옷도 벗고 뛰어들었을 테지만 베드로는 좀처럼 이성적일 때가 없는 인물이었다.

아니, 어쩌면 베드로는 물에 젖지 않을 줄 알고서 옷을 입었을지도 모르겠다. 전에도 그는 예수님을 만나기 위해 배에서 뛰어내렸고, 그때 물 위를 걷지 않았던가! 베드로가 어떤 생각으로 그랬든 간에 하나만큼은 분명하다. 그는 한시라도 빨리 주님을 만나고 싶은 마음에 도저히 배가 해변에 이를 때까지 기다릴 수 없었다.

그리스도의 아름다움과 능력을 엿보면 어떤 이들은 베드로처럼 반응한다. 그분께 가까이 다가가려는 불같은 열정으로 가득 차서 감정이 이성을 뒤덮는다. 그런가 하면 어떤 이들은 요한에게 가깝게 반응한다. 요한은 당장 물로 뛰어들지 않고 먼저 믿음을 선포했다. "주님이시다!" 다른 제자들은 어떻게 했을까? 정확히 알 수는 없지만, 그들이 고기가 가득 찬 그물을 열심히 끌어올린 뒤에 해변을 향해 열심히 노를 저었다는 것만큼은 분명하다.

우리 모두는 각자 다르게 믿음을 표현한다. 어떤 이들은 감정으로 충만해서 주변 세상을 보지 않고 오로지 하나님과의 연합을 향해서만 열정적으로 달려간다. 어떤 이들은 논리적인 말로 믿음을 선포한다. 그런가 하면 열심과 인내로 주님을 섬기는 이들도 있다. 결국 모두가 예수님이 계신 같은 해변에 이르니 누구의 반응이 더 옳다고 따지는 것은 어리석다.

―― 하나님께 마음을 향하다 ――

"오, 하나님 아버지, 주님은 끌 수 없는 빛이시며,
지금 우리에게 모든 어두움을 몰아내는 빛을 주십니다.
부활하신 주님의 빛이
둔한 우리 마음 구석구석을 비추게 해 주십시오."

_칼 바르트, 1886-1968

── 하나님 뜻을 마음에 채우다 ──

⁴ 은사는 여러 가지나 성령은 같고 ⁵ 직분은 여러 가지나 주는 같으며 ⁶ 또 사역은 여러 가지나 모든 것을 모든 사람 가운데서 이루시는 하나님은 같으니 ⁷ 각 사람에게 성령을 나타내심은 유익하게 하려 하심이라.
_고린도전서 12장 4-7절

²⁵ 밤 사경에 예수께서 바다 위로 걸어서 제자들에게 오시니 ²⁶ 제자들이 그가 바다 위로 걸어오심을 보고 놀라 유령이라 하며 무서워하여 소리 지르거늘 ²⁷ 예수께서 즉시 이르시되 안심하라 나니 두려워하지 말라 ²⁸ 베드로가 대답하여 이르되 주여 만일 주님이시거든 나를 명하사 물 위로 오라 하소서 하니 ²⁹ 오라 하시니 베드로가 배에서 내려 물 위로 걸어서 예수께로 가되.
_마태복음 14장 25-29절

4 9 일

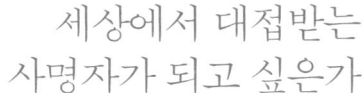

세상에서 대접받는 사명자가 되고 싶은가

부활하신 예수님은 겁에 질린 제자들에게 상처 난 손과 옆구리를 보여 주신 뒤에 "평강"을 선포하셨다. 그러고 나서 이 선포를 다시 반복하셨다. 단, 이번에는 평강에 사명을 더하셨다. "평강이 있을지어다 아버지께서 나를 보내신 것같이 나도 너희를 보내노라"(요 20:21).

사도 바울은 이사야 선지자의 글을 인용하면서 예수님의 사명이 하나님에게서 멀리 떨어진 자들과 가까이 있는 자들에게 평강을 선포하는 것이었다고 말했다. 예수님의 선포에 따라 우리도 이 사명을 추구해야 한다.

우리는 예수님과 동일한 메시지를 선포하도록 보냄을 받았을 뿐 아니라 그분과 똑같은 방식으로 보냄을 받았다. "아버지께서 나를 보내신 것같이 나도 너희를 보내노라." 이 말씀을 하신 분은 손에 못 자국이 나고 옆구리에 창 자국이 난 분이다. 하나님은 세상에 평강을 주기 위한 고난과 희생의 길로 예수님을 보내셨다.

예수님은 우리도 그분처럼 평화의 사도로서 상처 입게 될 것을 아신다. 세상에는 진정한 평강이 절실하지만 그것을 받아들일 사람은 극소수에 불과하다. 많은 사람이 어둠을 이기신 그리스도께 항복하기는커녕 오히려 우리에게 달려들 것이다.

예수님처럼 세상 속으로 보냄을 받아 놓고서 그분이 세상에서 받은 상처는 피하려고만 든다면 이는 어불성설이다. 그래서 예수님께나 우리에게나 평강은 고통스러운 사명이다.

하나님께 마음을 향하다

"오, 하나님 아버지, 주님은 끌 수 없는 빛이시며,
지금 우리에게 모든 어두움을 몰아내는 빛을 주십니다.
부활하신 주님의 빛이
둔한 우리 마음 구석구석을 비추게 해 주십시오."

_칼 바르트, 1886-1968

하나님 뜻을 마음에 채우다

[17] 또 오셔서 먼 데 있는 너희에게 평안을 전하시고 가까운 데 있는 자들에게 평안을 전하셨으니 [18] 이는 그로 말미암아 우리 둘이 한 성령 안에서 아버지께 나아감을 얻게 하려 하심이라 [19] 그러므로 이제부터 너희는 외인도 아니요 나그네도 아니요 오직 성도들과 동일한 시민이요 하나님의 권속이라.

_에베소서 2장 17-19절

화평하게 하는 자는 복이 있나니 그들이 하나님의 아들이라 일컬음을 받을 것임이요.
_**마태복음 5장 9절**

5 0 일

내 상처가 누군가에게 치유를
가져다줄 수 있을까

부활하신 예수님은 제자들에게 평강의 메시지를 들려 세상 속으로 보내셨다. "아버지께서 나를 보내신 것같이 나도 너희를 보내노라"(요 20:21). 예수님은 제자들에게 이 명령을 주시면서 구멍 뚫린 손과 옆구리도 보여 주셨다. 예수님은 아버지의 사명에 순종하면 어떤 희생이 따르는지를 확인시켜 주면서 그들도 이 세상을 사랑하노라면 상처를 피할 수 없다는 사실을 가슴에 새기게 하셨다.

이 세상에서는 누구도 상처를 피할 수 없다. 그리고 이 상처는 우리에게서 평화의 일꾼이라는 자격을 박탈시키는 요인이 아니라, 오히려 만나는 사람들을 치유하기 위한 도구로 쓰인다.

헨리 나우웬은 말했다.

> 우리의 상처를 어떻게 숨길 것인지가 아니라 우리의 상처로 어떻게 남들을 섬길 것인지가 핵심이다. 우리의 상처가 더 이상 수치가 아닌 치유의 근원이 될 때 우리는 상처 입은 치유자가 된다.

하나님이 우리에게 주신 사명은 완벽한 사람이 되어 상처 입은 사람들을 돕는 것이 아니다. 상처 입은 그리스도와 함께 사는 상처 입은 사람으로서, 그분의 치유하시는 임재 속으로 상처 입은 다른 누군가를 초대하는 것이다.

하나님께 마음을 향하다

"오, 하나님 아버지, 주님은 끌 수 없는 빛이시며,
지금 우리에게 모든 어두움을 몰아내는 빛을 주십니다.
부활하신 주님의 빛이
둔한 우리 마음 구석구석을 비추게 해 주십시오."

_칼 바르트, 1886-1968

하나님 뜻을 마음에 채우다

²⁴ 나는 이제 너희를 위하여 받는 괴로움을 기뻐하고 그리스도의 남은 고난을 그의 몸된 교회를 위하여 내 육체에 채우노라 ²⁵ 내가 교회의 일꾼 된 것은 하나님이 너희를 위하여 내게 주신 직분을 따라 하나님의 말씀을 이루려 함이니라 ²⁶ 이 비밀은 만세와 만대로부터 감추어졌던 것인데 이제는 그의 성도들에게 나타났고.

_골로새서 1장 24-26절

⁵ 그리스도의 고난이 우리에게 넘친 것같이 우리가 받는 위로도 그리스도로 말미암아 넘치는도다 ⁶ 우리가 환난 당하는 것도 너희가 위로와 구원을 받게 하려는 것이요

우리가 위로를 받는 것도 너희가 위로를 받게 하려는 것이니 이 위로가 너희 속에 역사하여 우리가 받는 것 같은 고난을 너희도 견디게 하느니라 [7] 너희를 위한 우리의 소망이 견고함은 너희가 고난에 참여하는 자가 된 것같이 위로에도 그러할 줄을 앎이라.

_고린도후서 1장 5-7절